다음 세대를 위한 민주주의 필사책

다음 세대를 위한 민주주의 필사책

1판 1쇄 발행 2025년 1월 10일

지은이   이가을

편집   이혜재
디자인   이음
제작   세걸음

펴낸이   이혜재
펴낸곳   책폴
출판등록   제2021-000034호
전화   031-947-9390
팩스   0303-3447-9390
전자우편   jumping_books@naver.com

© 이가을, 2025

ISBN 979-11-93162-37-8 (03300)

너와 나, 작고 큰 꿈을 안고 책으로 폴짝 빠져드는 순간
책폴

블로그 blog.naver.com/jumping_books
인스타그램 @jumping_books

다음 세대를 위한
민주주의 필사책

들어가는 말

2024년 12월 3일.

평소와 다를 게 없었던 이 하루는, 한순간 대한민국 역사에서 잊을 수 없는 날이 되었습니다. 밤 10시 23분, 대통령이 비상계엄을 선포했기 때문입니다. 비상계엄 선포부터 해제되기까지 여섯 시간은 그야말로 '서울의 밤'이 되어, 모두를 충격에 빠뜨리고 절망에 휩싸이게 했습니다.

긴박하게 돌아가는 국회 현장이 생중계되는 텔레비전 뉴스 중계 화면을 얼어붙은 얼굴로 바라보는데, 곁에 있던 딸아이가 작은 목소리로 물었습니다.

"엄마, 계엄이 뭐야? 무서워. 전쟁이라도 나는 거야?"

• 너의 민주주의를 지켜 주고 싶어서

아이 입에서 나온 '무서워'라는 단어에 정신이 번쩍 들었습니다. 지금이 몇 년도인데. 나 또한 살면서 겪어 보지 않았던, 현대사 교과서에서나 들었던, '계엄'이라는 단어가 왜 2024년에? 대체 무슨 이유로?

　더욱이 숨을 턱 막히게 한 것은 계엄사령부가 2024년 12월 3일부로 포고한 「포고령」 제1호 내용이었습니다. 다시 떠올리고 싶지도 않지만 오직 '잊지 않기 위해' 여기에 옮겨 와 봅니다. 우리의 눈을 의심하게 만들 정도의 위헌적이고 위법한 내용이지만, 왜 이 「포고령」이 문제가 되는지는 한번 살펴볼 필요가 있습니다.

계엄사령부 포고령(제1호)

1. 국회와 지방의회, 정당의 활동과 정치적 결사, 집회, 시위 등 일체의 정치활동을 금한다.
2. 자유민주주의 체제를 부정하거나, 전복을 기도하는 일체의 행위를 금하고, 가짜뉴스, 여론조작, 허위선동을 금한다.
3. 모든 언론과 출판은 계엄사의 통제를 받는다.
4. 사회혼란을 조장하는 파업, 태업, 집회행위를 금한다.

5. 전공의를 비롯하여 파업 중이거나 의료현장을 이탈한 모든 의료인은 48시간 내 본업에 복귀하여 충실히 근무하고 위반 시는 계엄법에 의해 처단한다.
6. 반국가세력 등 체제전복세력을 제외한 선량한 일반 국민들은 일상생활에 불편을 최소화할 수 있도록 조치한다.

2024년 대한민국에서 발표된 이 계엄사령부 「포고령」을 보고 충격받지 않은 사람이 과연 몇이나 될까요. 위의 여섯 조항은 상식적이지 않습니다. 아니, 상식의 선에서 말할 만한 기본도 갖추지 못했습니다. 너무나 위험하고 끔찍하고 참담한 내용일 뿐입니다.

왜냐고요? 위 「포고령」의 내용은 대한민국헌법과 기타 법률의 핵심 조항들을 심각하게 위반하는 내용이기 때문입니다. 바로 대한민국의 자유민주주의 체제와 법치주의 원칙에 반하기 때문이지요.

이 「포고령」은 국가가 국민을, 언제든 그 뜻에 따라 '처벌하고 처단할 수 있는' 적으로 여기고 있습니다. 누구라도 「포고령」을 어길 시 '처단' 될 수 있었습니다.

「포고령」 6항 '일상생활'이라는 표현에도 눈이 갑니다. '반국가 세력을 제외한 선량한' 국민들은 일상생활에 불편이 없도록 조치한다고 했어요. 그들이 정의한 반국가 세력은 누구인 걸까요? 「포고령」 1항~5항까지

금지하는 행동 중 하나라도 어기는 국민은 순식간에 반국가 세력이 되는 것일까요?

　이와 같은 「포고령」의 시행은 대한민국의 민주적 기본 질서와 헌정 체제를 심각하게 훼손할 우려가 있습니다.

• 믿고 싶지 않은 현실이지만

영화나 드라마를 보면 깡패나 조폭, 학교 일진 같은 비열한 우두머리가 "까라면 까!" 하고 윽박지르며 사람들에게 위협을 가하는 장면이 종종 등장하지요. 계엄사령부 「포고령」을 보는데, 익숙한 그 장면들이 겹쳐져 보였습니다. 그런 일당들은 자기들의 겁박에 잔뜩 기죽고 체념한 사람들을 향해 타이르듯 말해요.

　"그래, 착하지. 내 말 잘 들으니 얼마나 좋아. 이제 말귀를 알아듣는군."

　물론 이런 드라마 속 악당들의 결말은 대체로 권선징악에 따르지만, 그런 것까지 떠올리며 안심할 수는 없었습니다. 2024년 12월 3일 밤의 상황은 눈앞에 일어난 현실이었고, 진짜라고 도무지 믿고 싶지 않을 현실이었으니까요.

제가 아이의 '무섭다'는 말에 정신이 번쩍 들었다고 했는데, 실은 그보다 더했습니다. 커다란 돌덩어리가 발밑에 떨어진 느낌이었어요. 바로 이 무섭다는 감정이야말로 '그들'이 바라는 것일 테니까요. 최소한, 사람이 양심이 있고 책임감과 직업윤리가 있다면 최소한 이런 일은…….

하지만 "무서워할 필요 없어. 말도 안 되는 일이야." 하고 말하는 건 아이에게 큰 힘이 되어 주질 못했습니다. 이미 아이는 저보다 훨씬 더 두려운 눈빛이었거든요.

"누가 잘못한 거야? 자유민주주의를 지켜야 한다는데?"

• 나는 '그들'의 선량한 시민이기를 거부합니다

그 순간 결심이 섰습니다. 저들이 말하는 민주주의는 '민주주의'가 아님을, 단어를 저렇게 잘못 쓰면 안 되는 것임을 아이에게 알려 줄 필요가 있겠구나. 일차원적인 무서움 대신, 마땅한 다른 감정을 아이가 마음에 지니도록 이끌어 주어야겠구나, 하고요.

세상을 제대로 바라보고 두려움과 무서움에 지지 않도록 함께 민주주의를 공부해야겠구나. 언젠가부터 우리 삶에 너무 당연해서 잊고 있었던 소중하고 귀한 가치를 다시 새겨야겠구나, 하고 말이죠.

위기의 그날 밤, 시민들은 단결된 의지로 국회를 지켰고 여당 의원 18명을 포함한 190명의 국회위원은 계엄령 해제 요구안을 통과시켰습니다. 그제야 바짝 졸아들었던 가슴을 쓸어내릴 수 있었습니다.

앞서 말했던 "착하지."라는 대사는 「포고령」 6항 '선량한 국민들'에 등장한 '선량함'의 의미와 다르지 않습니다. 굴복하라는 것이지요. 착하고 선량하다는 단어는 그렇게 쓰일 수 없습니다. 나는 그들의 선량한 시민이 되는 것을 기꺼이 거부합니다.

아이 또한 그들의 입맛에 맞는 '선량한' 시민으로 자라나게 두지 않을 거예요. 무지와 무경계의 태도로 세상의 비상식을 수락하게 두지 않을 거예요. 마땅히 반항할 수 있는 건강한 시민으로 자랄 수 있도록 도울 겁니다.

이것이 대한민국을 살고 있는 엄마의 평범한 바람입니다. 뒤에 올 세대인 우리 아이들을 바르고 건강하게 키우고 싶은, 작은 시민의 소망이자 책임감입니다.

이 책의 구성과 활용

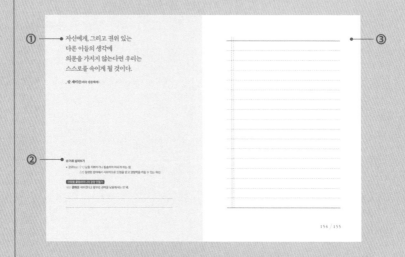

① 먼 과거부터 가까운 현재까지, 전 세계 역사에서 민주주의·정치·인권·시민 의식·주체적 삶의 가치를 다루었던 글귀와 명언을 만납니다.

② 각각의 글귀에 나오는 기본 어휘를 익힙니다. 표준국어대사전의 등재어를 기준 삼았어요. 평소에 쓰는 단어라도 그 참뜻을 아는 것이 중요하니까요. 글귀에 등장하는 기본 어휘를 익히고, 어휘 하나 이상을 활용해 문장을 만들어 보세요. 예문을 참고하되, 그보다 더 기발하고 좋은 나만의 문장을 적어 보세요.

③ 오래 기억할 수 있도록 처음엔 쓰면서 읽고, 그다음엔 쓰면서 뜻을 되뇌고, 마지막으로 한 번 더 쓰면서 나의 기록으로 남기세요. 이렇게 최소한 세 번을 써 보세요.

④ ──

④ 각 장이 끝나면 '생각의 힘 키우기' 페이지를 통해 정치, 민주주의, 시민의식, 인권, 법에 관한 개념과 의미를 이해합니다. 초등 5~6학년, 중등 1학년으로 이어지는 사회 교과의 기본 내용을 부담 없이 살펴보세요. 이어지는 간단한 질문에 답하며 가정과 학교에서 아이들과 어른들이 같이 자유롭게 생각과 의견을 나누어도 좋아요.

* 책의 맨 마지막에는 「대한민국헌법」 전문을 부록으로 실었습니다. 법은 그 자체로 어렵지 않습니다. 하지만 '법을 지키는 것은 쉽지 않을 수 있습니다. 당연한 듯 여겨진 민주주의가 어렵고 힘든 길을 오래 걸어온 것처럼요. 함께 헌법 제1조 1항부터 낭독하며 읽기를 추천합니다. 또한 일상 속에서 틈틈이 펼쳐 보며 생활에 밀접한 유익한 배움을 얻어 가길 바랍니다.

01 ─── 기나긴 과거로부터 ──

02 ── 두려움 없이 바라보기 ──

03 ── 존엄을 지켜 내기 ──

04 ── 다시 만나는 미래 ──

01

기나긴 ──── 과거로부터 ◆◆

역사를 공부해야 하는 이유, 생각해 본 적 있어?
시대와 인물을 외우는 데 목표를 두지 말고
지나온 시절의 흐름을 쭉 찬찬히 살펴봐.

지금 이곳의 우리가 있기까지
오랫동안 축적되어 온 시간, 그것이 바로 역사야.
과거를 알아야 지금을 직시할 수 있고,
지금을 마주해야 다가올 미래를 그릴 수 있어.

어쩌면 지금이야말로
역사를 공부해야 하는 필연적 시기 같아.
아는 것이 힘이다, 라는 말을 기억하자.

대한민국은 민주공화국이다.
대한민국의 주권은 국민에게 있고,
모든 권력은 국민으로부터 나온다.

_ 대한민국헌법 제1조 1항, 2항

≡ 어휘 살펴보기

• 민주공화국民主共和國 : 주권이 국민에게 있고 주권의 운용이 국민의 의사에 따라 이루어지는 나라.
• 주권主權 : [1] 가장 주요한 권리. [2] 『법률』 국가의 의사를 최종적으로 결정하는 권력.
　　　　　　　 대내적으로는 최고의 절대적 힘을 가지고, 대외적으로는 자주적 독립성을 가진다.

어휘를 활용하여 나의 문장 만들기

예문) 대한민국은 **민주공화국**인데, 왜 정치는 민주적이지 못한 걸까.

....

....

역사란 역사가와
그의 사실들 사이의
지속적인 상호작용 과정이며,
현재와 과거 사이의
끊임없는 대화이다.

_ 에드워드 카(영국 역사학자)

☰ 어휘 살펴보기

• 역사歷史 : [1] 인류 사회의 변천과 흥망의 과정. 또는 그 기록.
              [2] 어떠한 사물이나 사실이 존재해 온 연혁.
• 대화對話 : 마주 대하여 이야기를 주고받음. 또는 그 이야기.

어휘를 활용하여 나의 문장 만들기

예문) 과거와의 **대화**가 자꾸 끊기는 **역사**도 있을까요?

민주주의의 모든 질병은
더 많은 민주주의에 의해
치료될 수 있다.

_ 알프레드 스미스(호주 정치인)

과거를 잊어버리는 자는 그것을
또다시 반복하게 된다.

_ 조지 산타야나(미국 시인·철학자·평론가)

- 과거過去 : [1] 이미 지나간 때. [2] 지나간 일이나 생활.
- 반복反復 : 같은 일을 되풀이함.

어휘를 활용하여 나의 문장 만들기

예문) **과거**를 **반복**하지 않기 위해 우리가 해야 할 일.

부끄러움을 아는 것은
부끄러운 것이 아니네.
부끄러움을 모르는 것이
부끄러운 것이지.

_ 정지용(대한민국 시인)

〓 어휘 살펴보기

• 부끄럽다 : [1] 일을 잘 못하거나 양심에 거리끼어 볼 낯이 없거나 매우 떳떳하지 못하다.
          [2] 스스러움을 느끼어 매우 수줍다.

어휘를 활용하여 나의 문장 만들기

예문) **부끄러움**을 아는 것도, **부끄러움**을 인정하는 것도, 용기가 필요한 일이야.

....

....

인류에게 가장 큰 비극은
지나간 역사에서 아무런 교훈도
얻지 못한다는 데 있다.

_ 아널드 조지프 토인비 (영국 역사학자)

≡ 어휘 살펴보기

● 비극悲劇 : 인생의 슬프고 애달픈 일을 당하여 불행한 경우를 이르는 말.

어휘를 활용하여 나의 문장 만들기

예문) 또다시 **비극**을 직면한 우리.

....

....

민주주의는 무척 연약합니다.
꾸준히 그것을 돌봐야 합니다.
당신이 민주주의를 책임지지 않고
민주주의가 공포 전략으로
바뀌도록 내버려둔다면,
그것은 더 이상 민주주의가 아닙니다.

_ 샘 셰퍼드(미국 극작가·배우)

☰ 어휘 살펴보기

• 책임責任 : [1] 맡아서 해야 할 임무나 의무.
　　　　　 [2] 어떤 일에 관련되어 그 결과에 대하여 지는 의무나 부담. 또는 그 결과로 받는 제재.
• 공포恐怖 : 두렵고 무서움.

어휘를 활용하여 나의 문장 만들기

예문) **책임**지지도 못할 행동을 일삼다니, 더는 내버려두지 못해.

....

....

'비상사태'는 언제나
개인의 자유에 대한 보호 장치가
침해되는 구실이었다.

_ 프리드리히 하이에크(영국 경제학자)

☰ 어휘 살펴보기

• 비상사태非常事態 : [1] 큰일이 벌어진 위급한 상황. [2] 『법률』 나라에 천재天災, 사변事變, 폭동
    따위가 일어나서 경찰력으로는 공공의 안녕 및 질서의 유지가 불가능할 정도
    로 사회가 혼란에 빠진 상태.
• 보호保護 : [1] 위험이나 곤란 따위가 미치지 아니하도록 잘 보살펴 돌봄.
    [2] 잘 지켜 원래대로 보존되게 함.
• 침해侵害 : 침범하여 해를 끼침.

어휘를 활용하여 나의 문장 만들기
예문) 무엇이 위급하여 온 나라 국민의 자유와 권리를 **침해**하려 했는지.

....

....

적당히 물러설 줄 아는 것이
진정한 용기다.

_ 홍자성(중국 명나라 문인)

≡ 어휘 살펴보기

• 물러서다 : [1] 있던 자리에서 뒷걸음으로 피하여 옮겨 서다. [2] 지위나 하던 일을 내놓다.
• 진정하다(眞正하다): 참되고 올바르다.

어휘를 활용하여 나의 문장 만들기

예문) 적당히 **물러서지** 않는다는 건 비겁한 행동이란 의미지?

....

....

정의에 대한 인간의 능력은
민주주의를 가능하게 하지만,
불의에 대한 인간의 성향은
민주주의를 필요하게 만든다.

_ 라인홀드 니버(미국 신학자·윤리학자)

☰ 어휘 살펴보기

- 정의正義 : 진리에 맞는 올바른 도리. 사회를 구성하고 유지하는 공정한 도리.
- 불의不義 : 도의, 정의 따위에 어긋남.
- 필요必要 : 반드시 요구되는 바가 있음.

어휘를 활용하여 나의 문장 만들기

예문) **불의**를 일삼는 이들에게 **정의**의 참된 의미를 알려 줄 **필요**가 있어.

....

....

민주주의에서 가장 높은 직책은
시민의 직책이다.

_ 펠릭스 프랑크푸르트(법학자·전 미국 대법관)

≡ 어휘 살펴보기

- 직책職責 : 직무상의 책임.
- 시민市民 : [1] 시市에 사는 사람.
    [2] 국가 사회의 일원으로서 그 나라 헌법에 의한 모든 권리와 의무를 가지는 자유민.

어휘를 활용하여 나의 문장 만들기

예문) '**시민**'이라는 이름의 막중한 **직책**.

민주주의란 약자에게 강자와 동일한 기회를 주는 것입니다.

_ 마하트마 간디(인도 정치가)

≡ 어휘 살펴보기

* 약자弱者 : 힘이나 세력이 약한 사람이나 생물. 또는 그런 집단.
* 강자強者 : 힘이나 세력이 강한 사람이나 생물 및 그 집단.
* 기회機會 : [1] 어떠한 일을 하는 데 적절한 시기나 경우. [2] 겨를이나 짬.

어휘를 활용하여 나의 문장 만들기

예문) **약자**의 **기회**를 박탈하는 행위는 민주주의가 아니에요.

....

....

독재는 일방통행 도로이지만,
민주주의는 양방향 통행을
자랑하는 도로다.

_ 알베르토 모라비아(이탈리아 소설가)

≡ 어휘 살펴보기

• 독재獨裁 : [1] 특정한 개인, 단체, 계급, 당파 따위가 어떤 분야에서 모든 권력을 차지하여 모든 일
을 독단으로 처리함. [2] 『정치』 민주적인 절차를 부정하고 통치자의 독단으로 행하는
정치. 고대 로마의 체제, 독일의 나치즘, 이탈리아의 파시즘, 일본의 군국주의 따위가
그 전형이다.

어휘를 활용하여 나의 문장 만들기

예문) 어떤 이유라 할지라도 **독재**는 납득될 수 없다고 생각해.

....

....

단지 하나의 국가만 이해하는 사람은
실제로 어떤 국가도 모르는 것이다.

_ 시모어 마틴 립셋(미국 정치사회학자)

≡ 어휘 살펴보기

• 이해理解 : [1] 사리를 분별하여 해석함. [2] 깨달아 앎. 또는 잘 알아서 받아들임.
         [3] 남의 사정을 잘 헤아려 너그러이 받아들임. = 양해.

어휘를 활용하여 나의 문장 만들기

예문) 그 한 국가마저 제대로 **이해**하지 못하는 사람도 있어.

....

....

잘못이나 불평등, 불의를 보면 말하세요
왜냐하면 여기는 여러분의
나라이기 때문입니다.
여러분의 민주주의입니다.
만들어 내세요. 보호하세요. 전달하세요.

_ 서굿 마셜(미국 최초의 흑인 대법관)

민주주의는 정지된 깃이 아니라
영원히 계속되는 행진이다.

_ 프랭클린 루스벨트(미국 제32대 대통령)

☰ 어휘 살펴보기

• 정지(停止) : [1] 움직이고 있던 것이 멎거나 그침. 또는 중도에서 멎거나 그치게 함. [2] 하고 있던 일을 그만둠.
• 계속되다(繼續되다) : [1] 끊이지 않고 이어져 나가다. [2] 끊어졌던 행위나 상태가 다시 이어져 나가다.

어휘를 활용하여 나의 문장 만들기

예문) 민주주의가 **계속**되어야 하니, 이제 그만 내려가 주세요.

국민만이 지배자에 대한
유일한 검열관이다.

_ 토머스 제퍼슨(미국 제3대 대통령)

☰ 어휘 살펴보기

- 지배支配 : [1] 어떤 사람이나 집단, 조직, 사물 등을 자기의 의사대로 복종하게 하여 다스림.
  [2] 외부의 요인이 사람의 생각이나 행동에 적극적으로 영향을 미침.
- 지배자支配者 : 남을 지배하거나 지배적인 위치에 있는 사람.
- 검열하다(檢閱하다) : [1] 어떤 행위나 사업 따위를 살펴 조사하다. [2] 『군사』 군기, 교육, 작전
  준비, 장비 따위의 군사 상태를 살펴보다. [3] 『법률』 언론, 출판, 보도, 연극, 영화, 우편물 따위의
  내용을 사전에 심사하여 그 발표를 통제하다. 사상을 통제하거나 치안을 유지하기 위하여 한다.
- 검열관檢閱官 : 검열을 맡아 하는 관리나 군인.

어휘를 활용하여 나의 문장 만들기

예문) **지배자**는 국민보다 권력이 많을까, 권력이 적을까?

....

....

민주주의는 절대
공짜로 얻어지는 것이 아니며,
어느 역사를 보나 민주화를 위해서는
희생과 땀이 필요하다.

_ 김대중(대한민국 제15대 대통령·2000년 노벨 평화상 수상자)

☰ 어휘 살펴보기

- 민주화民主化 : 민주적으로 되어 가는 것. 또는 그렇게 되게 하는 것. 비슷한 말로 '민주주의화'가 있다.
- 희생犧牲 : [1] 다른 사람이나 어떤 목적을 위하여 자신의 목숨, 재산, 명예, 이익 따위를 바치거나 버림. 또는 그것을 빼앗김. [2] 사고나 자연재해 따위로 애석하게 목숨을 잃음.

어휘를 활용하여 나의 문장 만들기

예문) 각고의 노력과 **희생**으로 우리나라 **민주화**운동에 앞장섰던 사람들을 기억하자.

....

....

생각의 힘 키우기 ①

| 정치란 무엇일까? |

의미부터 살펴봅시다

- 좁은 의미: 정치 권력을 획득하고 유지하며 행사하는 활동이에요. 국회에서 법률을 제정 하거나 개정하는 활동, 정부에서 정책을 수립하고 집행하는 일 등을 떠올리면 돼요.
- 넓은 의미: 사회 구성원 간의 대립이나 갈등을 조정하고 해결하는 모든 활동을 아우릅니 다. 학교에서 반 회의를 한다거나 가족회의를 떠올리면 어렵지 않겠지요.

역할이 뭔지 알아봅시다

정치의 가장 큰 역할은 사회 질서를 유지하는 것이에요. 또한 사회 통합 및 발전에 이바지 하는 것이지요. 살다 보면 나와 의견이 같은 사람들하고만 지낼 수는 없잖아요. 사회 구성 원 사이에서 대립이나 갈등이 생길 때 이를 조정하여 원활한 사회로 나아가도록 하는 것이 정치의 역할입니다.

| 각자 의견을 쓰고, 나누어 봐요 |

Q '정치'라는 단어를 들을 때 어떤 느낌을 받나요?

....

....

....

....

Q 앞서 살펴본 정치의 의미와 역할에 의하면 좋은 정치란 무엇일까요?
반대로, 나쁜 정치란 어떤 것일까요?

....

....

....

....

Q 우리 삶에 정치가 왜 필요할까요?

....

....

....

....

02

두려움 없이 ────── 바라보기

독재와 탄압은 지울 수 없는 상처의 역사였어.
기나긴 시련 끝에 다다른 지금의 대한민국.

더는 과거가 되풀이되지 않으리라 여긴 것도 잠시.
실패는 여전히 반복되고 상처도 첩첩이 쌓여 가.
세상이 발전한다는데 왜 사람은 점점 퇴보하는 것 같은지.

회의감이 생기고,
이래도 상관없고 저래도 상관없어질 때도 있지만
그래도 무심하게 지내지는 말자.
계속 관심을 두고 신경 쓰면서,
이 세계를 꼼꼼히 바라보자.

우리나라는 우리가 함께 노력해야만
자유로워질 것이다.

_유관순(대한민국 독립운동가)

≡ 어휘 살펴보기

• 노력努力 : 목적을 이루기 위하여 몸과 마음을 다하여 애씀.

어휘를 활용하여 나의 문장 만들기

예문) **노력**을 게을리하지 말자. 나의 삶도, 나의 나라도.

···

···

증오란 정당한 것이다.
부정을 미워할 줄 모르는 사람은
정의를 사랑하지 못한다.

_ 로맹 롤랑(프랑스 문학가·사상가)

☰ 어휘 살펴보기

• 부정不正 : 올바르지 아니하거나 옳지 못함.

어휘를 활용하여 나의 문장 만들기

예문) 대통령이 **부정**한 일을 저질렀어.

....

....

국민의,
국민에 의한,
국민을 위한 정부는
이 땅에서 영원히
사라지지 않을 것이다.

_ 에이브러햄 링컨(미국 제16대 대통령)

☰ 어휘 살펴보기

- 국민國民 : 국가를 구성하는 사람. 또는 그 나라의 국적을 가진 사람.
- 정부政府 : 『법률』입법, 사법, 행정의 삼권을 포함하는 통치 기구를 통틀어 이르는 말.
  『행정』삼권 분립에 의하여, 행정을 맡아보는 국가 기관. = 행정부.

어휘를 활용하여 나의 문장 만들기

예문) 정말 **국민**을 생각했다면 그럴 수 없었겠지.

....

....

참정권은 가장 중요한
권리이다.

_ 수전 B. 앤서니(미국 여성 참정권 운동가)

☰ 어휘 살펴보기

● 참정권參政權 : 『법률』국민이 국정에 직접 또는 간접으로 참여하는 권리.
   선거권, 피선거권, 공무원이 될 수 있는 권리 등이 있다.
● 권리權利 : [1] 권세와 이익.
   [2] 『법률』 어떤 일을 행하거나 타인에 대하여 당연히 요구할 수 있는 힘이나 자격.
   공권, 사권, 사회권이 있다.

어휘를 활용하여 나의 문장 만들기

예문) **참정권**은 어른이 되어야만 가질 수 있나? 지금 우리가 할 수 있는 건?

투표는 권총과 같다.
어떤 사람이 쓰느냐에 따라서
유용성이 갈린다.

_ 시어도어 루스벨트(미국 제26대 대통령)

≡ 어휘 살펴보기

- 투표投票 : 선거를 하거나 가부를 결정할 때에 투표용지에 의사를 표시하여 일정한 곳에 내는 일. 또는 그런 표.
- 유용성有用性 : 소용에 닿고 이용할 만한 특성.

어휘를 활용하여 나의 문장 만들기

예문) **투표**가 얼마나 중요한지 우리가 목격했잖아. 되풀이되는 역사의 실수, 이제 그만.

....

....

정치에 무관심한 가장 큰 벌은
가장 저질스러운 인간들에게
지배받는 것이다.

_ 플라톤(고대 그리스 철학자)

≡ 어휘 살펴보기

- 무관심無關心 : 관심이나 흥미가 없음.

[어휘를 활용하여 나의 문장 만들기]

예문) 미움보다 **무관심**이 더 무섭다고 하던데, 그 대가가 이렇게 돌아왔어.

....

....

실패는 우리가 어떻게
실패에 대처하느냐에 따라 정의된다.

_ 오프라 윈프리(미국 방송인)

민주 시민은
자신의 운명을 직접 수정한다.

_ 알렉시스 드 토크빌(프랑스 역사학자·정치철학가)

≡ 어휘 살펴보기

• 운명運命 : [1] 인간을 포함한 모든 것을 지배하는 초인간적인 힘. 또는 그것에 의하여 이미 정하
         여져 있는 목숨이나 처지. [2] 앞으로의 생사나 존망에 관한 처지.
• 수정修正 : 바로잡아 고침.

어휘를 활용하여 나의 문장 만들기

예문) 민주주의의 **운명**을 결정하는 선거일.

생각만으로는
동의나 반대를 표시할 수 없다.
투표를 해야 가능하다.

_ 로버트 프로스트(미국 시인)

어휘 살펴보기

- 동의同意 : [1] 같은 뜻. 또는 뜻이 같음. [2] 의사나 의견을 같이함.
- 반대反對 : [1] 두 사물이 모양, 위치, 방향, 순서 따위에서 등지거나 서로 맞섬. 또는 그런 상태.
  [2] 어떤 행동이나 견해, 제안 따위에 따르지 아니하고 맞서 거스름.

어휘를 활용하여 나의 문장 만들기

예문) 비상계엄령을 선포한 대통령의 생각에 **반대**합니다.

민주주의에서
한 유권자의 무지는
모두의 안전을 해친다.

_ 존 F. 케네디(미국 제35대 대통령)

≡ 어휘 살펴보기

• 유권자有權者 : 『정치』 선거할 권리를 가진 사람. = 선거인.
• 안전安全 : 위험이 생기거나 사고가 날 염려가 없음. 또는 그런 상태.

어휘를 활용하여 나의 문장 만들기

예문) **안전**을 해치지 않는 건강한 민주주의로의 발걸음.

민주주의는 자유와 평등,
개인적 가치와 사회적 요구의 조화이다.

_ 토마스 만(독일 소설가)

국민이 통제하지 않으면
어떤 정부도 계속 좋은 일을 할 수 없다.

_ 토머스 제퍼슨(미국 제3대 대통령)

어휘 살펴보기

• 통제統制 : [1] 일정한 방침이나 목적에 따라 행위를 제한하거나 제약함.
          [2] 권력으로 언론·경제 활동 따위에 제한을 가하는 일.

어휘를 활용하여 나의 문장 만들기

예문) 자유와 **통제**는 서로 정반대이지만, 떼어 놓을 수 없기도 해.

_____

_____

1년 동안 작물을 키우고 싶다면 옥수수를 심으세요. 수십 년 동안 작물을 키우고 싶다면 나무를 심으세요. 수백 년 동안 작물을 키우고 싶다면 사람을 키우세요. 영원히 작물을 키우고 싶다면 민주주의를 키우세요.

_ 칼 A. 쉔크(독일 임업인·교육자)

예문) 오만함 대신 진정한 **민주주의** 정신을 키우려면 어떤 배움이 필요할까?

....

....

우리의 이득 가운데 가장 중요한 것은
선택의 가능성, 즉 다른 문명이
단 하나의 삶의 방식만이 아닌
다양한 삶의 방식을 인정하는 것이다.

_ 마거릿 미드(미국 문화인류학자)

≣ 어휘 살펴보기

- 선택選擇 : 여럿 가운데서 필요한 것을 골라 뽑음.
- 문명文明 : 인류가 이룩한 물질적, 기술적, 사회 구조적인 발전.
  자연 그대로의 원시적 생활에 상대하여 발전되고 세련된 삶의 양태를 뜻한다.
- 인정認定 : 확실히 그렇다고 여김.

어휘를 활용하여 나의 문장 만들기

예문) 자기 고집만 부리지 말고, 다름을 **인정**해야지.

....

....

정의 속에서만 사회 질서가
중심이 된다.

_ 아리스토텔레스(고대 그리스 철학자)

민주주의에서 대통령보다
우월한 유일한 직함은
시민이라는 직함이다.

_ 루이스 브랜다이스(법률가·미국 전 대법관)

☰ 어휘 살펴보기

- 대통령大統領 : 『법률』 외국에 대하여 국가를 대표하는 국가의 원수. 행정부의 실질적인 권한을
  갖는 경우와 형식적인 권한만을 가지는 경우가 있는데 우리나라는 전자에 속한다.

어휘를 활용하여 나의 문장 만들기

예문) 기억하세요. 민주주의에서 시민이 **대통령**보다 우월하다!

세상을 움직이려면
먼저 자기 자신을 움직여야 한다.

_ 소크라테스(고대 그리스 철학자)

예문) 우리가 **움직**일 수 있는 일에는 뭐가 있을까?

무지와 편견이 법을 지배하는 한,
정의는 결코 이루어지지 않는다.

_ 클래런스 대로(미국 사회운동가·변호사)

생각의 힘 기우기 ②

| 왜 민주주의가 필요할까? |

 STEP 1

민주주의의 기본 정신을 살펴봅시다

민주주의의 기본 정신에는 인간의 존엄성, 자유, 평등이 있습니다. 사람은 누구나 태어나면서부터 존엄성을 지닙니다. 민주주의의 근본 목적은 이러한 인간의 존엄성을 실현하는 것이에요. 존엄성이 실현되려면 어떻게 해야 할까요? 먼저, 다른 사람이나 집단에서 부당한 간섭을 받지 않아야겠지요. 그리고 자신의 의사대로 행동할 수 있는 자유를 인정받아야 합니다. 성별, 인종, 재산, 종교, 장애 등에 따라 차별받지 않고 평등하게 대우받아야 하고요.

STEP 2

민주주의의 필요성을 이야기해 봅시다

한 사람이나 소수가 아닌, 다수가 의사 결정 과정에 참여하게 함으로써, 사회 구성원의 동의와 지지를 바탕으로 한 사회 통합이 가능하게 돼요. 이 과정에서 사회 구성원들의 자유와 권리가 보장됩니다. 고대 아테네에서 근대를 거쳐 현대에 이르는 동안 민주주의는 그 형태가 지속적으로 발전해 왔어요.

STEP 3

민주주의 속 선거의 중요성을 알아봅시다

선거는 국민이 가장 기본적으로 참여할 수 있는 정치입니다. 국민의 뜻에 따라 국정을 운영할 대표자를 선출해요. 선출된 대표자에게 정당성을 부여하여 합법적인 권한을 갖게 합니다. 선출된 대표자가 일을 제대로 하지 못하면 다음 선거에서 책임을 묻고 심판하기도 합니다. 공정한 선거를 치를 수 있도록 보통 선거, 직접 선거, 평등 선거, 비밀 선거의 원칙에 따라 투표가 진행됩니다.

| 각자 의견을 쓰고, 나누어 봐요 |

Q 생활 속에서 민주주의를 경험한 적이 있나요? 같이 에피소드를 나누어요.

....
....
....
....

Q 우리나라 민주주의에 있어 역사적인 사건은 4·19 혁명, 5·18 민주화운동, 6월 민주 항쟁 등이 있어요. 각각의 사건에 대해 조사하여 적어 보아요.

....
....
....
....

Q 선거의 4대 원칙(보통 선거·평등 선거·직접 선거·비밀 선거)이 필요한 까닭이 무엇일까요?

....
....
....
....

03

존엄을 지켜 내기

인간답게 살아갈 수 있는 권리를 침해당했을 때
사람은 참담함과 수치심을 느끼게 돼.
비상식적이고 비도덕적인 행위 앞에
할 수 있는 일이 아무것도 없어 보이지.

이런 감정에 굴복되지 않으려면
생각보다 더 많은 의지가 필요해.
단단한 근력은 몸에만 해당되지 않아.
마음의 근육도 꾸준한 습관으로 다질 수 있어.

그래서 이럴 때일수록 더 많이 움직여야 해.
더 크게 목소리를 내야 해.
너와 나, 모두의 존엄을 언제나 잊지 말기를.

모든 사람은 태어날 때부터 자유롭고,
존엄하며, 평등하다.

_유엔 세계 인권 선언 제1조

≡ 어휘 살펴보기

- 존엄尊嚴 : [1] 인물이나 지위 따위가 감히 범할 수 없을 정도로 높고 엄숙함.
          [2] 예전에, 임금의 지위를 이르던 말.

어휘를 활용하여 나의 문장 만들기

예문) 모든 사람은 **존엄**해. 누구나 **존엄**하게 살아갈 가치를 지니고 있어.

....

....

세상에서 가장 중요한 것은
인간으로서의 존엄성이다.

_ 넬슨 만델라(남아프리카공화국 최초의 흑인 대통령·인권운동가)

≡ 어휘 살펴보기

• 존엄성尊嚴性 : 감히 범할 수 없는 높고 엄숙한 성질.

어휘를 활용하여 나의 문장 만들기

예문) 존재의 **존엄성**은 누가, 어떻게, 판단할 수 있을까?

_____

_____

모두에게 동등한 권리가 있지만,
그 누구에게도 특별한 권리는 없다.

_ 토머스 제퍼슨(미국 제3대 대통령)

≡ 어휘 살펴보기

- 동등同等 : 등급이나 정도가 같음. 또는 그런 등급이나 정도.
- 특별特別 : 보통과 구별되게 다름.

어휘를 활용하여 나의 문장 만들기

예문) **특별**한 권리를 가졌다는 그 사람의 착각.

사람들이 만장일치로
침묵의 음모를 유지하는 방에서,
진실의 한마디는 권총 발사처럼 들린다.

_ 체슬라브 밀로즈(1980년 노벨 문학상 수상자)

≡ 어휘 살펴보기

• 음모陰謀 : 나쁜 목적으로 몰래 흉악한 일을 꾸밈. 또는 그런 꾀.
• 진실眞實 : [1] 거짓이 없는 사실. [2] 마음에 거짓이 없이 순수하고 바름.

  어휘를 활용하여 나의 문장 만들기

예문) 주변 사람들이 침묵해도, 굳건히 **진실**을 말할 수 있는 용기.

....

....

어제의 범죄를 벌하지 않는 것,
그것은 내일의 범죄에 용기를 주는 것과
똑같은 어리석은 짓이다.

_ 알베르 카뮈(프랑스 작가·철학자)

≡ 어휘 살펴보기

- 범죄犯罪 : 법규를 어기고 저지른 잘못.
- 벌하다罰하다 : 잘못하거나 죄를 지은 사람에게 벌을 주다.

어휘를 활용하여 나의 문장 만들기

예문) 법규를 어기고, 헌법을 준수하지 않았기에 **벌하여야** 합니다.

일반적으로 부패한 사람들 사이에서,
자유는 오래 존재할 수 없다.

_ 에드먼드 버크(영국 정치인·철학자)

☰ 어휘 살펴보기

- 부패腐敗 : [1] 정치, 사상, 의식 따위가 타락함.
  [2] 『생명』 단백질이나 지방 따위의 유기물이 미생물의 작용에 의하여 분해되는 과정.
  또는 그런 현상. 독특한 냄새가 나거나 유독성 물질이 발생한다.
- 존재存在 : [1] 현실에 실제로 있음. 또는 그런 대상.
  [2] 다른 사람의 주목을 끌 만한 두드러진 품위나 처지. 또는 그런 대상.

어휘를 활용하여 나의 문장 만들기

예문) **부패**한 권력이 나라를 통치하면 불행이 따라와.

....

....

인간은 스스로의 선택에 의해
자신의 모습을 만들어 간다.

_ 장 폴 사르트르(프랑스 철학자·작가)

☰ 어휘 살펴보기

* 인간人間 : 생각을 하고 언어를 사용하며, 도구를 만들어 쓰고 사회를 이루어 사는 동물.
* 스스로 : [1] 자신의 힘으로.
          [2] 남이 시키지 아니하였는데도 자기의 결심에 따라서.

어휘를 활용하여 나의 문장 만들기

예문) 타인에 의한 삶이 아닌 나 **스스로** 존재하는 삶.

....

....

자기를 아끼고 사랑할 줄 아는 사람이
비로소 남을 사랑하고 나아가
나를 사랑하고 세상을
이롭게 할 수 있다.

_ 도산 안창호(대한민국 독립운동가·교육자)

예문) 세상을 이롭게 하는 건 나를 향한 **사랑**에서 시작돼.

인간의 존엄은
그것을 위해 싸우거나
죽을 가치가 있는 것이다.

_ 로버트 허친스(미국 교육철학자)

≡ 어휘 살펴보기

• 가치價値 : [1] 사물이 지니고 있는 쓸모.

　　　　　[2] 『철학』 대상이 인간과의 관계에 의하여 지니게 되는 중요성.

　　　　　[3] 『철학』 인간의 욕구나 관심의 대상 또는 목표가 되는 진, 선, 미 따위를 통틀어 이르는 말.

어휘를 활용하여 나의 문장 만들기

예문) **가치** 있는 삶을 꿈꿔요.

사람들은 정부를 두려워해서는 안 됩니다.
정부는 국민을 두려워해야 합니다.

_ 앨런 무어(영국 작가·만화가)

≡ 어휘 살펴보기

• 두려워하다 : [1] 꺼려 하거나 무서워하는 마음을 갖다.
　　　　　　 [2] 상대를 공경하고 어려워하다.

어휘를 활용하여 나의 문장 만들기

예문) 국민을 업신여기지 말고 **두려워하세요.**

....

....

두려움에 맞서
인간의 권리를 찾는다면 더 행복하고
생산적인 사람이 될 수 있다.

_ 데이비드 번즈(미국 정신과 의사·인지심리학자)

• 행복幸福 : [1] 복된 좋은 운수.
          [2] 생활에서 충분한 만족과 기쁨을 느끼어 흐뭇함. 또는 그러한 상태.

  어휘를 활용하여 나의 문장 만들기

예문) **행복**을 위해 우리의 권리를 사수합니다.

_____

_____

의미 있는 일은 언제나 어렵다.
우리가 가는 길이 어려운 게 아니라
어려운 길이므로
우리가 가야 하는 것이다.

_ 홍세화(대한민국 언론인·작가·정치인)

글귀를 참고하여 나의 문장 만들기

예문) **어려움**을 외면하지 말자. 쉬운 길로만 가려 하지 말자.

....

....

시민의 불복종은
시민의 타고난 권리다.

_ **마하트마 간디**(인도 정치가)

☰ 어휘 살펴보기

• **불복종**不服從 : 명령이나 결정 따위에 대하여 그대로 따라서 좇지 아니함.

어휘를 활용하여 나의 문장 만들기

예문) 그런 말도 안 되는 명령에는 **불복종**하는 것이 마땅한 법.

누구나 내게 무지를 가르칠 수 있다.
삶에서 무척 중요한 사실이다.

_ 놈 촘스키(미국 언어학자·사회정치학자)

예문) **무지**를 무지로 인식하고 진정한 배움으로 나아가자.

교육은 엄청난 변화를
가져올 수 있는 인간의 권리다.
자유, 민주주의, 지속 가능한 인간 개발은
모두 교육을 토대로 한다.

_ 코피 아난(제7대 유엔 사무총장·2001년 노벨 평화상 수상자)

≡ 어휘 살펴보기

• 교육敎育 : 지식과 기술 따위를 가르치며 인격을 길러 줌.
• 토대土臺 : [1] 어떤 사물이나 사업의 밑바탕이 되는 기초와 밑천을 비유적으로 이르는 말.
　　　　　　[2] 『건설』 모든 건조물 따위의 가장 아랫도리가 되는 밑바탕.

　어휘를 활용하여 나의 문장 만들기

예문) 교육받는다는 것은 인권의 첫걸음.

....

....

나는 나 자신을 믿는다.
나의 힘, 나의 용기, 나의 지혜를 믿는다.

_ **백범 김구**(대한민국 독립운동가)

| 인권, 얼마나 알고 있을까? |

STEP 1

의미와 특징을 살펴봅시다

인권은 인간이 인간답게 살아가기 위해 마땅히 누려야 할 기본적인 권리입니다. 인권은 크게 네 가지 특징을 갖습니다. 인간이 태어나면서부터 당연히 가지는 '천부 인권', 국가가 법으로 보장하기 이전에 이미 인간에게 주어진 자연법상의 권리 '자연권', 성별·인종·나이 등에 관계없이 누구나 모두가 동등하게 누리는 '보편적 권리', 국가나 다른 사람에 의해 함부로 침해될 수 없는 '불가침의 권리'가 그것이에요.

STEP 2

인권의 중요성을 알아봅시다

역사에 있어 노예나 흑인, 여성은 인간으로서의 존중을 받지 못하고 부당한 대우를 받았습니다. 절대 군주의 억압에 맞선 시민 혁명 이후, 제도적으로 인권이 보장되기 시작했어요.

모든 사람의 인권은 존중되어야 해요. 이는 인간의 존엄성을 실현하는 토대로 마련됩니다. 유엔(국제 연합)은 전 인류가 누려야 할 인권의 기준을 제시한 「세계 인권 선언」을 발표했습니다. 우리는 일상 속에서 인권 침해 상황을 살필 필요가 있어요. 어떤 상황이나 문제를 인권과 관련하여 인식하고 섬세하게 받아들이는, '인권 감수성'을 높이는 노력이 더욱 중요해지고 있습니다.

| 각자 의견을 쓰고, 나누어 봐요 |

Q '인권'을 한마디로 정의한다면? 편하게 적고 같이 이야기해 보아요.

....

....

....

....

Q 인권 감수성을 키우기 위해 내가 할 수 있는 노력을 생각해 볼까요?

....

....

....

....

Q 헌법에 규정하여 보장되는 기본적인 인권을 '기본권'이라고 합니다.
기본권의 종류에는 몇 가지가 있고 어떤 내용인지 조사해 보아요.

....

....

....

....

04

다시 만나는 미래

2024년, 한국은
파리올림픽에서 종합 8위를 기록했어.
한강 작가는 우리나라 최초로 노벨 문학상을 받았어.
이러한 세계적 굵직한 뉴스 말고도 모두들
맡은 바 책임을 성실히 다했을 거야.

앞으로 나아가기에 충분했던 2024년,
한국은 그러나 잠시 멈춰 서고 말았어.
역할과 책임을 다하지 못한 사람들 때문에.
그릇된 판단으로 오만에 빠진 사람들 때문에.

그럼에도 우리는 각자의 자리에서 계속해 낼 거야.
다시 보여 주자.
우리가 만나는 미래를,
우리가 만드는 미래를.

우리 모두가 행동하는 양심이 되자.
우리 모두가 행동하는 양심이 될 때
민주주의는 우리의 것이 될 것이다.

_ 김대중(대한민국 제15대 대통령·2000년 노벨 평화상 수상자)

≡ 어휘 살펴보기

• 양심良心 : 자신의 행위에 대하여 옳음과 그름, 선함과 악함을 분별하여
  도덕적으로 올바른 행동을 하려는 의식.

어휘를 활용하여 나의 문장 만들기

예문) **양심**에 거리낌도 없이, 그렇게 선 넘는 행동을 했어.

....

....

정치꾼은 다가오는 선거를 생각하고,
훌륭한 정치가는 다음 세대를 생각한다.

_제임스 프리먼 클라크(미국 신학자·정치 개혁가)

우리가 주의를 기울이면, 좋은 정부와
좋은 리더십을 얻을 수 있다고 믿습니다.
우리가 게으르면,
민주주의로서 그리고 시민으로서
지름길을 택하기 시작하면,
나쁜 정부와 나쁜 정치가 생깁니다.

_버락 오바마(미국 제44대 대통령)

≡ 어휘 살펴보기

- 주의注意 : [1] 마음에 새겨 두고 조심함. [2] 어떤 한곳이나 일에 관심을 집중하여 기울임.
- 리더십: 무리를 다스리거나 이끌어 가는 지도자로서의 능력.

어휘를 활용하여 나의 문장 만들기

예문) 나쁜 정치, 나쁜 **리더십**, OUT.

_____

_____

민주주의는 내용도 중요하지만
절차 또한 중요합니다.

_우원식(대한민국 제22대 전반기 국회의장)

≡ 어휘 살펴보기

• 내용內容 : [1] 그릇이나 포장 따위의 안에 든 것. [2] 사물의 속내를 이루는 것. [3] 말, 글, 그림, 연출 따위의 모든 표현 매체 속에 들어 있는 것. 또는 그런 것들로 전하고자 하는 것.
• 절차節次 : 일을 치르는 데 거쳐야 하는 순서나 방법.

어휘를 활용하여 나의 문장 만들기

예문) **절차**를 어긴 민주주의는, 민주주의가 아닙니다.

이 사회적 전환기의 최대 비극은
악한 사람들의 거친 아우성이 아니라,
선한 사람들의 소름 끼치는 침묵이다.

_마틴 루터 킹(미국 인권운동가·1964년 노벨 평화상 수상자)

☰ 어휘 살펴보기

- 전환기轉換期 : 다른 방향이나 상태로 바뀌는 시기.
- 침묵沈默 : [1] 아무 말도 없이 잠잠히 있음. 또는 그런 상태.
  [2] 정적靜寂이 흐름. 또는 그런 상태.
  [3] 어떤 일에 대하여 그 내용을 밝히지 아니하거나 비밀을 지킴. 또는 그런 상태.

어휘를 활용하여 나의 문장 만들기

예문) 그 사건에 관련된 사람들은 하나같이 **침묵**으로 일관했다.

헌법의 힘은 전적으로
헌법을 지키고 보호하려는 시민들의
굳건한 의지에 달려 있다.
모든 시민이 헌법 수호를 위해
자기 몫을 다할 의무를 느낄 때,
헌법상의 권리가 보장된다.

_알베르트 아인슈타인(이론물리학자·1921년 노벨 물리학상 수상자)

☰ 어휘 살펴보기

• 헌법憲法 : [1] 『법률』 국가 통치 체제의 기초에 관한 각종 근본 법규의 총체. 모든 국가의 법의 체계
적 기초로서 국가의 조직, 구성 및 작용에 관한 근본법이며 다른 법률이나 명령으로써 변경할 수 없
는 한 국가의 최고 법규이다. [2] 『법률』 자유주의 원리에 입각하여, 국민의 기본적인 인권을 보장하
고 국가의 정치 기구 특히 입법 조직에 대한 참가의 형식 또는 기준을 규정한 근대 국가의 근본법.
• 의무義務 : [1] 사람으로서 마땅히 하여야 할 일. 곧 맡은 직분. [2] 『법률』 규범에 의하여 부과되는
부담이나 구속. 법적 의무도 그 위반에 대하여 형벌이나 강제력을 가한다는 데 특색이 있다. 내용에
따라 작위 의무와 부작위 의무로, 법 규범의 종류에 따라 공법상 의무와 사법상 의무로 나뉜다.

어휘를 활용하여 나의 문장 만들기

예문) **헌법**을 수호하기 위해 나의 **의무**를 다하고 권리를 지킬 거예요.

....

....

민주주의에서는 개인이
궁극적 권력을 누릴 뿐만 아니라
궁극적 책임도 진다.

_노먼 커즌스(미국 언론인·평화운동가)

≡ 어휘 살펴보기

• 궁극적窮極的 : 더할 나위 없는 지경에 도달하는.

어휘를 활용하여 나의 문장 만들기

예문) **궁극적** 책임감을 갖고 다시 촛불을 들었습니다.

자유와 평등이
민주주의에서 발견되는 것이라면,
그것은 모든 사람이
정부에 최대한 참여할 때
가장 잘 달성될 것이다.

_아리스토텔레스(고대 그리스 철학자)

☰ 어휘 살펴보기

- 참여參與 : [1] 어떤 일에 끼어들어 관계함.
  [2] 『법률』 재판 따위가 벌어지는 현장에 나가 지켜봄.

어휘를 활용하여 나의 문장 만들기

예문) **참여**하세요. 주권을 행사하세요.

국가가 당신을 위해
무엇을 할 수 있는지 묻지 말고,
당신이 국가를 위해
무엇을 할 수 있는지 물어라.

_존 F. 케네디(미국 제35대 대통령)

글귀를 참고하여 나의 문장 만들기

예문) **국가**를 위해 할 수 있는 일, 작은 것부터 찾아보기.

....

....

민주주의는 코를 푸는 것과 같다.
잘하지 못할 수도 있지만,
스스로 해야 할 일이다.

_G. K. 체스터턴(영국 소설가)

글귀를 참고하여 나의 문장 만들기
예문) **민주주의**는 감기와 같다. 방심하면 아픔을 느끼고, 치료와 회복이 동반된다.

....

....

자신에게, 그리고 권위 있는
다른 이들의 생각에
의문을 가지지 않는다면
우리는 스스로를 속이게 될 것이다.

_칼 세이건(미국 천문학자)

≡ 어휘 살펴보기

• 권위權威 : [1] 남을 지휘하거나 통솔하여 따르게 하는 힘.
　　　　　　 [2] 일정한 분야에서 사회적으로 인정을 받고 영향력을 끼칠 수 있는 위신.

어휘를 활용하여 나의 문장 만들기

예문) **권위**를 세우겠다고 함부로 권력을 남용해서는 안 돼.

....

....

법에 대한 존경심보다는
먼저 정의에 대한 존경심을 기르는 것이
바람직하다.

_ 헨리 데이비드 소로(미국 철학자·생태사상가)

≡ 어휘 살펴보기

- 존경심尊敬心 : 남의 인격, 사상, 행위 따위를 받들어 공경하는 마음.
- 바람직하다: 바랄 만한 가치가 있다.

어휘를 활용하여 나의 문장 만들기

예문) **바람직한** 태도를 배우는 건 사회생활의 기본.

....

....

민주주의에 두 가지 갈채를 보낸다.
하나는 다양성을 용인하기 때문이요,
또 하나는 비판을 허락하기 때문이다.

_E. M. 포스터(영국 소설가)

권리는 누가 당신에게
주는 것이 아니다.
아무도 당신한테서
빼앗을 수 없는 것이다.

_램지 클라크(변호사·미국 전 법무부 장관)

예문) 당신이 준 것도 아닌데, 왜 내 **권리**를 뺏으려 하나요?

민주주의는 결코 최종적 성취가
아니기에 쉬운 정부 형태가 아니다.
민주주의는 개인의 자유와
국가의 질서 사이의 균형을
지속적으로 조정하는
살아 있고 변화하는 유기체이다.

_일카 체이스(미국 배우·소설가)

≡ 어휘 살펴보기

- 성취成就 : 목적한 바를 이룸.
- 균형均衡 : 어느 한쪽으로 기울거나 치우치지 아니하고 고른 상태.

어휘를 활용하여 나의 문장 만들기

예문) 민주주의를 **성취**하기 위해 다 함께 노력하자.

....

....

정부가 국민을 소유하는 것이 아니고
국민이 정부를 소유하는 나라라면,
우리는 그것이 어느 나라든지
즐거이 환영한다.

_윈스턴 처칠(영국 61대·63대 총리)

≡ 어휘 살펴보기

• 소유所有 : 가지고 있음. 또는 그 물건.

어휘를 활용하여 나의 문장 만들기

예문) 정부는 국민을 **소유**할 수 없습니다.

정의는 행동에 의하여 진실해진다.

_벤저민 디즈레일리(영국 정치인·작가)

☰ 어휘 살펴보기

- 행동行動 : 몸을 움직여 동작을 하거나 어떤 일을 함.

어휘를 활용하여 나의 문장 만들기

예문) **행동**하자. 우리는 작은 존재가 아니야. 한 사람 한 사람이 모여 큰 힘을 얻게 돼.

민주주의 최후의 보루는 깨어 있는
시민의 조직된 힘이다.

_노무현(대한민국 제16대 대통령)

≡ 어휘 살펴보기

• 보루(堡壘) : 적의 침입을 막기 위하여 돌이나 콘크리트 따위로 튼튼하게 쌓은 구축물.

어휘를 활용하여 나의 문장 만들기

예문) 민주주의의 **보루**, 시민을 지키자.

....

....

생각의 힘 키우기 ④

| 법, 민주 정치, 민주 시민 |

STEP 1 **법의 의미와 특징을 살펴봅시다**

우리의 삶은 수많은 법과 연관되어 있습니다. 법은 사람들이 사회생활을 하면서 따라야 할 행동의 기준이 되는 사회규범으로 국가의 강제성과 명확성을 지닙니다. 즉, 법을 위반할 경우 국가로부터 공식적인 제재를 받게 되지요.

STEP 2 **법의 역할과 목적을 알아봅시다**

법은 공정하고 객관적인 법의 기준을 제시하여 분쟁을 예방하고 해결하는 역할을 합니다. 또한 사회 구성원 개개인이 어떤 권리를 갖는지 명시하고, 권리를 침해하는 행위를 제제합니다. 법의 목적은 명료합니다. 모든 사람에게 각자 받아야 할 정당한 몫을 주어 정의를 실현하는 것이에요.

STEP 3 **법을 지키고, 법이 지켜지는, 민주 정치**

우리나라는 '민주주의 국가'이고 '주권이 국민에게 있다'는 것을 헌법에서 밝히고 있습니다. 이를 실현하고자 국민의 자유와 권리를 법률로 보장하고 있고요. 국가의 모든 권력은 반드시 국민의 동의와 지지를 바탕으로 실행되어야 해요. 국가의 의사를 결정하는 최고의 권력이 '주권'이고, 국가와 관련한 중요한 일들을 국민이 스스로 결정하는 것이 '국민 주권'이기 때문입니다.

STEP 4 **민주 시민이 살아가는 나라**

국가의 힘과 역할은 누구 한 사람이 손에 쥘 수 없습니다. 국가 기관은 서로 견제하고 균형을 이루어 국민의 자유와 권리를 보호해야 하며 국민은 '주인의식'을 잃지 말아야 합니다. 주권을 지키고 보장받는 민주 시민으로 살아가도록 말이에요.

| 각자 의견을 쓰고, 나누어 봐요 |

Q 법에 강제성이 없다면 어떻게 될까요?
   법을 지키는 것과 사회구성원의 자유에는 어떠한 관계가 있을까요?

Q 민주 정치의 기본이 어긋난다면, 사회에는 어떤 문제가 생겨날까요?

Q 내가 만약 법을 만든다면?
   우리에게 필요한 법은 어떤 종류일지 자유롭게 적어 봅시다.

나가는 말

아이가 "정말 책을 낼 거야?" 하고 제게 물었습니다. 혹시라도 대통령이 우리를 체포하면 어떡하느냐고 걱정했습니다. 2024년 12월 3일 밤 비상계엄 상황에서 '모든 언론과 출판을 통제'한다고 계엄 「포고령」에 나와 있었기 때문입니다.

우리나라는 한국전쟁 이후 눈부신 경제 발전을 이루어 냈습니다. 그 과정에서 시민들은 군사 독재 정치와 같은 비민주적인 정치 체제에 저항하여, 민주화운동을 하면서 대한민국의 민주주의를 지켜 왔습니다.

하지만 태어나 처음 맞닥뜨린 '비상계엄' 이후 펼쳐진 어지러운 세상을, 아이들은 어떻게 받아들일까요. 대한민국의 현재와 미래에 대해 막연한 무서움을 갖고 있지는 않을까요. 혼란스러운 이 역사적 상황을 실시간 경험하고 있으니, 역사책에서 읽었던 비슷한 과거가 다시 펼쳐질지 모른다고 생각하진 않을까요.

실은 아이들만이 아닙니다. 대부분 사람들이 기억을 되새기고 있을 것입니다. 무참히 짓밟혔던 과거의 상처와 고통이 떠오를지도 모릅니다. 각고의 노력과 희생도요. 책에서 봤거나 어렴풋 생각나는 기억의 장면을 들추다 혹시라도…… 하는 무거운 감정이 스쳐 지나가진 않았나요.

그럴 때마다 저는 광장의 시민들과 연대하며 힘을 얻습니다. 겨울의 입김보다 뜨거운 외침으로 노래를 부르고 구호를 높입니다. 안전하게 질서를 지키며 나아가는 발걸음, 절망과 좌절보다 더 큰 희망을 품기 위해 더 또렷해지는 눈빛들, 서로 마주하는 씩씩한 웃음과 용기의 순간들. 그 덕분에, 멈칫 소심해지는 마음을 멀찍이 두고 손끝 가까이 의지를 담을 수 있었습니다. 이미 경험한 희망의 순간들이 지금의 우리를 더 씩씩하게 일으켜 세우는 것 같습니다.

이 책에는 우리 사회를 투명하게 비추는 데 힘을 주는, 다양한 색채를 띤 민주주의와 인권에 관한 목소리를 싣고자 했습니다. 진보라 불리는 이도, 보수라 칭해지는 이도 등장합니다. 한국, 유럽, 미국, 인도, 남아프리카공화국 등 세계 각국에서 태어나고 살아온 각기 다른 이들입니다.

민주주의의 말을 선별하는 기준은 간단했습니다. '주체성'을 갖고 있을 것. 불의를 '부정'할 수 있을 것.

사상과 이념, 인종과 종교, 가치관과 정치관이 다를지라도 그릇된 행동에 대해 '잘못되었다'라고 말하는 목소리. '아닌 것은 아닌' 상황을 제대로 바라보는 시선. 타인, 더 나아가 시민과 국민을 포용하고 진정으로 위하는 태도.

법을 어기고 책임을 저버리거나, 나와 내 집단의 안위만을 살피거나, 비열하고 오만한 사람들에게는 지면을 허락하지 않았습니다. 어떠한 자격도 주지 않았습니다.

지구의 기후 위기도, 이 나라의 정치도, 어떤 것도 다음 세대에게 더 나쁜 쪽으로만은 물려주고 싶지 않습니다. 항상 "어른들이 문제"이지만 너희는 '그런 어른'이 되지 않을 수 있다고 말해 주고 싶습니다. 아이들이 세상을 긍정하며 꿈꿀 수 있도록 돕고 싶습니다.

더 나은 미래는 언제나 가능했습니다. 앞으로도 그럴 것이고요.

2025년을 시작하며,
이가을

대한민국헌법

〔시행 1988. 2. 25.〕〔헌법 제10호, 1987. 10. 29., 전부개정〕

전문

유구한 역사와 전통에 빛나는 우리 대한국민은 3·1운동으로 건립된 대한민국임시정부의 법통과 불의에 항거한 4·19민주이념을 계승하고, 조국의 민주개혁과 평화적 통일의 사명에 입각하여 정의·인도와 동포애로써 민족의 단결을 공고히 하고, 모든 사회적 폐습과 불의를 타파하며, 자율과 조화를 바탕으로 자유민주적 기본질서를 더욱 확고히 하여 정치·경제·사회·문화의 모든 영역에 있어서 각인의 기회를 균등히 하고, 능력을 최고도로 발휘하게 하며, 자유와 권리에 따르는 책임과 의무를 완수하게 하여, 안으로는 국민생활의 균등한 향상을 기하고 밖으로는 항구적인 세계평화와 인류공영에 이바지함으로써 우리들과 우리들의 자손의 안전과 자유와 행복을 영원히 확보할 것을 다짐하면서 1948년 7월 12일에 제정되고 8차에 걸쳐 개정된 헌법을 이제 국회의 의결을 거쳐 국민투표에 의하여 개정한다.

1987년 10월 29일

제1장 총강

제1조 ① 대한민국은 민주공화국이다.

② 대한민국의 주권은 국민에게 있고, 모든 권력은 국민으로부터 나온다.

제2조 ① 대한민국의 국민이 되는 요건은 법률로 정한다.

② 국가는 법률이 정하는 바에 의하여 재외국민을 보호할 의무를 진다.

제3조 대한민국의 영토는 한반도와 그 부속도서로 한다.

제4조 대한민국은 통일을 지향하며, 자유민주적 기본질서에 입각한 평화적 통일정책을 수립하고 이를 추진한다.

제5조 ① 대한민국은 국제평화의 유지에 노력하고 침략적 전쟁을 부인한다.

② 국군은 국가의 안전보장과 국토방위의 신성한 의무를 수행함을 사명으로 하며, 그 정치적 중립성은 준수된다.

제6조 ① 헌법에 의하여 체결·공포된 조약과 일반적으로 승인된 국제법규는 국내법과 같은 효력을 가진다.

② 외국인은 국제법과 조약이 정하는 바에 의하여 그 지위가 보장된다.

제7조 ① 공무원은 국민전체에 대한 봉사자이며, 국민에 대하여 책임을 진다.

② 공무원의 신분과 정치적 중립성은 법률이 정하는 바에 의하여 보장된다.

제8조 ① 정당의 설립은 자유이며, 복수정당제는 보장된다.

② 정당은 그 목적·조직과 활동이 민주적이어야 하며, 국민의 정치적 의사형성에 참여하는데 필요한 조직을 가져야 한다.

③ 정당은 법률이 정하는 바에 의하여 국가의 보호를 받으며, 국가는 법률이 정하는 바에 의하여 정당운영에 필요한 자금을 보조할 수 있다.

④ 정당의 목적이나 활동이 민주적 기본질서에 위배될 때에는 정부는 헌법재판소에 그 해산을 제소할 수 있고, 정당은 헌법재판소의 심판에 의하여 해산된다.

제9조 국가는 전통문화의 계승·발전과 민족문화의 창달에 노력하여야 한다.

제2장 국민의 권리와 의무

제10조 모든 국민은 인간으로서의 존엄과 가치를 가지며, 행복을 추구할 권리를 가진다. 국가는 개인이 가지는 불가침의 기본적 인권을 확인하고 이를 보장할 의무를 진다.

제11조 ① 모든 국민은 법 앞에 평등하다. 누구든지 성별·종교 또는 사회적 신분에 의하여 정치적·경제적·사회적·문화적 생활의 모든 영역에 있어서 차별을 받지 아니한다.

② 사회적 특수계급의 제도는 인정되지 아니하며, 어떠한 형태로도 이를 창설할 수 없다.

③ 훈장등의 영전은 이를 받은 자에게만 효력이 있고, 어떠한 특권도 이에 따르지 아니한다.

제12조 ① 모든 국민은 신체의 자유를 가진다. 누구든지 법률에 의하지 아니하고는 체포·구속·압수·수색 또는 심문을 받지 아니하며, 법률과 적법한 절차에 의하지 아니하고는 처벌·보안처분 또는 강제노역을 받지 아니한다.

② 모든 국민은 고문을 받지 아니하며, 형사상 자기에게 불리한 진술을 강요당하지 아니한다.

③ 체포·구속·압수 또는 수색을 할 때에는 적법한 절차에 따라 검사의 신청에 의하여 법관이 발부한 영장을 제시하여야 한다. 다만, 현행범인인 경우와 장기 3년 이상의 형에 해당하는 죄를 범하고 도피 또는 증거인멸의 염려가 있을 때에는 사후에 영장을 청구할 수 있다.

④ 누구든지 체포 또는 구속을 당한 때에는 즉시 변호인의 조력을 받을 권리를 가진다. 다만, 형사피고인이 스스로 변호인을 구할 수 없을 때에는 법률이 정하는 바에 의하여 국가가 변호인을 붙인다.

⑤ 누구든지 체포 또는 구속의 이유와 변호인의 조력을 받을 권리가 있음을 고지받지 아니하고는 체포 또는 구속을 당하지 아니한다. 체포 또는

구속을 당한 자의 가족등 법률이 정하는 자에게는 그 이유와 일시·장
소가 지체없이 통지되어야 한다.

⑥ 누구든지 체포 또는 구속을 당한 때에는 적부의 심사를 법원에 청구할
권리를 가진다.

⑦ 피고인의 자백이 고문·폭행·협박·구속의 부당한 장기화 또는 기망 기
타의 방법에 의하여 자의로 진술된 것이 아니라고 인정될 때 또는 정식
재판에 있어서 피고인의 자백이 그에게 불리한 유일한 증거일 때에는
이를 유죄의 증거로 삼거나 이를 이유로 처벌할 수 없다.

제13조 ① 모든 국민은 행위시의 법률에 의하여 범죄를 구성하지 아니하는 행위
로 소추되지 아니하며, 동일한 범죄에 대하여 거듭 처벌받지 아니한다.

② 모든 국민은 소급입법에 의하여 참정권의 제한을 받거나 재산권을 박
탈당하지 아니한다.

③ 모든 국민은 자기의 행위가 아닌 친족의 행위로 인하여 불이익한 처우
를 받지 아니한다.

제14조 모든 국민은 거주·이전의 자유를 가진다.

제15조 모든 국민은 직업선택의 자유를 가진다.

제16조 모든 국민은 주거의 자유를 침해받지 아니한다. 주거에 대한 압수나 수색을
할 때에는 검사의 신청에 의하여 법관이 발부한 영장을 제시하여야 한다.

제17조 모든 국민은 사생활의 비밀과 자유를 침해받지 아니한다.

제18조 모든 국민은 통신의 비밀을 침해받지 아니한다.

제19조 모든 국민은 양심의 자유를 가진다.

제20조 ① 모든 국민은 종교의 자유를 가진다.

② 국교는 인정되지 아니하며, 종교와 정치는 분리된다.

제21조 ① 모든 국민은 언론·출판의 자유와 집회·결사의 자유를 가진다.

② 언론·출판에 대한 허가나 검열과 집회·결사에 대한 허가는 인정되지

아니한다.

③ 통신·방송의 시설기준과 신문의 기능을 보장하기 위하여 필요한 사항은 법률로 정한다.

④ 언론·출판은 타인의 명예나 권리 또는 공중도덕이나 사회윤리를 침해하여서는 아니된다. 언론·출판이 타인의 명예나 권리를 침해한 때에는 피해자는 이에 대한 피해의 배상을 청구할 수 있다.

제22조 ① 모든 국민은 학문과 예술의 자유를 가진다.

② 저작자·발명가·과학기술자와 예술가의 권리는 법률로써 보호한다.

제23조 ① 모든 국민의 재산권은 보장된다. 그 내용과 한계는 법률로 정한다.

② 재산권의 행사는 공공복리에 적합하도록 하여야 한다.

③ 공공필요에 의한 재산권의 수용·사용 또는 제한 및 그에 대한 보상은 법률로써 하되, 정당한 보상을 지급하여야 한다.

제24조 모든 국민은 법률이 정하는 바에 의하여 선거권을 가진다.

제25조 모든 국민은 법률이 정하는 바에 의하여 공무담임권을 가진다.

제26조 ① 모든 국민은 법률이 정하는 바에 의하여 국가기관에 문서로 청원할 권리를 가진다.

② 국가는 청원에 대하여 심사할 의무를 진다.

제27조 ① 모든 국민은 헌법과 법률이 정한 법관에 의하여 법률에 의한 재판을 받을 권리를 가진다.

② 군인 또는 군무원이 아닌 국민은 대한민국의 영역 안에서는 중대한 군사상 기밀·초병·초소·유독음식물공급·포로·군용물에 관한 죄중 법률이 정한 경우와 비상계엄이 선포된 경우를 제외하고는 군사법원의 재판을 받지 아니한다.

③ 모든 국민은 신속한 재판을 받을 권리를 가진다. 형사피고인은 상당한 이유가 없는 한 지체없이 공개재판을 받을 권리를 가진다.

④ 형사피고인은 유죄의 판결이 확정될 때까지는 무죄로 추정된다.

⑤ 형사피해자는 법률이 정하는 바에 의하여 당해 사건의 재판절차에서 진술할 수 있다.

제28조 형사피의자 또는 형사피고인으로서 구금되었던 자가 법률이 정하는 불기소처분을 받거나 무죄판결을 받은 때에는 법률이 정하는 바에 의하여 국가에 정당한 보상을 청구할 수 있다.

제29조 ① 공무원의 직무상 불법행위로 손해를 받은 국민은 법률이 정하는 바에 의하여 국가 또는 공공단체에 정당한 배상을 청구할 수 있다. 이 경우 공무원 자신의 책임은 면제되지 아니한다.

② 군인·군무원·경찰공무원 기타 법률이 정하는 자가 전투·훈련등 직무집행과 관련하여 받은 손해에 대하여는 법률이 정하는 보상 외에 국가 또는 공공단체에 공무원의 직무상 불법행위로 인한 배상은 청구할 수 없다.

제30조 타인의 범죄행위로 인하여 생명·신체에 대한 피해를 받은 국민은 법률이 정하는 바에 의하여 국가로부터 구조를 받을 수 있다.

제31조 ① 모든 국민은 능력에 따라 균등하게 교육을 받을 권리를 가진다.

② 모든 국민은 그 보호하는 자녀에게 적어도 초등교육과 법률이 정하는 교육을 받게 할 의무를 진다.

③ 의무교육은 무상으로 한다.

④ 교육의 자주성·전문성·정치적 중립성 및 대학의 자율성은 법률이 정하는 바에 의하여 보장된다.

⑤ 국가는 평생교육을 진흥하여야 한다.

⑥ 학교교육 및 평생교육을 포함한 교육제도와 그 운영, 교육재정 및 교원의 지위에 관한 기본적인 사항은 법률로 정한다.

제32조 ① 모든 국민은 근로의 권리를 가진다. 국가는 사회적·경제적 방법으로

근로자의 고용의 증진과 적정임금의 보장에 노력하여야 하며, 법률이 정하는 바에 의하여 최저임금제를 시행하여야 한다.

② 모든 국민은 근로의 의무를 진다. 국가는 근로의 의무의 내용과 조건을 민주주의원칙에 따라 법률로 정한다.

③ 근로조건의 기준은 인간의 존엄성을 보장하도록 법률로 정한다.

④ 여자의 근로는 특별한 보호를 받으며, 고용·임금 및 근로조건에 있어서 부당한 차별을 받지 아니한다.

⑤ 연소자의 근로는 특별한 보호를 받는다.

⑥ 국가유공자·상이군경 및 전몰군경의 유가족은 법률이 정하는 바에 의하여 우선적으로 근로의 기회를 부여받는다.

제33조 ① 근로자는 근로조건의 향상을 위하여 자주적인 단결권·단체교섭권 및 단체행동권을 가진다.

② 공무원인 근로자는 법률이 정하는 자에 한하여 단결권·단체교섭권 및 단체행동권을 가진다.

③ 법률이 정하는 주요방위산업체에 종사하는 근로자의 단체행동권은 법률이 정하는 바에 의하여 이를 제한하거나 인정하지 아니할 수 있다.

제34조 ① 모든 국민은 인간다운 생활을 할 권리를 가진다.

② 국가는 사회보장·사회복지의 증진에 노력할 의무를 진다.

③ 국가는 여자의 복지와 권익의 향상을 위하여 노력하여야 한다.

④ 국가는 노인과 청소년의 복지향상을 위한 정책을 실시할 의무를 진다.

⑤ 신체장애자 및 질병·노령 기타의 사유로 생활능력이 없는 국민은 법률이 정하는 바에 의하여 국가의 보호를 받는다.

⑥ 국가는 재해를 예방하고 그 위험으로부터 국민을 보호하기 위하여 노력하여야 한다.

제35조 ① 모든 국민은 건강하고 쾌적한 환경에서 생활할 권리를 가지며, 국가와

국민은 환경보전을 위하여 노력하여야 한다.

② 환경권의 내용과 행사에 관하여는 법률로 정한다.

③ 국가는 주택개발정책등을 통하여 모든 국민이 쾌적한 주거생활을 할 수 있도록 노력하여야 한다.

제36조　① 혼인과 가족생활은 개인의 존엄과 양성의 평등을 기초로 성립되고 유지되어야 하며, 국가는 이를 보장한다.

② 국가는 모성의 보호를 위하여 노력하여야 한다.

③ 모든 국민은 보건에 관하여 국가의 보호를 받는다.

제37조　① 국민의 자유와 권리는 헌법에 열거되지 아니한 이유로 경시되지 아니한다.

② 국민의 모든 자유와 권리는 국가안전보장·질서유지 또는 공공복리를 위하여 필요한 경우에 한하여 법률로써 제한할 수 있으며, 제한하는 경우에도 자유와 권리의 본질적인 내용을 침해할 수 없다.

제38조　모든 국민은 법률이 정하는 바에 의하여 납세의 의무를 진다.

제39조　① 모든 국민은 법률이 정하는 바에 의하여 국방의 의무를 진다.

② 누구든지 병역의무의 이행으로 인하여 불이익한 처우를 받지 아니한다.

제3장 국회

제40조　입법권은 국회에 속한다.

제41조　① 국회는 국민의 보통·평등·직접·비밀선거에 의하여 선출된 국회의원으로 구성한다.

② 국회의원의 수는 법률로 정하되, 200인 이상으로 한다.

③ 국회의원의 선거구와 비례대표제 기타 선거에 관한 사항은 법률로 정한다.

제42조　국회의원의 임기는 4년으로 한다.

제43조 국회의원은 법률이 정하는 직을 겸할 수 없다.

제44조 ① 국회의원은 현행범인인 경우를 제외하고는 회기 중 국회의 동의없이 체포 또는 구금되지 아니한다.

② 국회의원이 회기 전에 체포 또는 구금된 때에는 현행범인이 아닌 한 국회의 요구가 있으면 회기 중 석방된다.

제45조 국회의원은 국회에서 직무상 행한 발언과 표결에 관하여 국회 외에서 책임을 지지 아니한다.

제46조 ① 국회의원은 청렴의 의무가 있다.

② 국회의원은 국가이익을 우선하여 양심에 따라 직무를 행한다.

③ 국회의원은 그 지위를 남용하여 국가·공공단체 또는 기업체와의 계약이나 그 처분에 의하여 재산상의 권리·이익 또는 직위를 취득하거나 타인을 위하여 그 취득을 알선할 수 없다.

제47조 ① 국회의 정기회는 법률이 정하는 바에 의하여 매년 1회 집회되며, 국회의 임시회는 대통령 또는 국회재적의원 4분의 1 이상의 요구에 의하여 집회된다.

② 정기회의 회기는 100일을, 임시회의 회기는 30일을 초과할 수 없다.

③ 대통령이 임시회의 집회를 요구할 때에는 기간과 집회요구의 이유를 명시하여야 한다.

제48조 국회는 의장 1인과 부의장 2인을 선출한다.

제49조 국회는 헌법 또는 법률에 특별한 규정이 없는 한 재적의원 과반수의 출석과 출석의원 과반수의 찬성으로 의결한다. 가부동수인 때에는 부결된 것으로 본다.

제50조 ① 국회의 회의는 공개한다. 다만, 출석의원 과반수의 찬성이 있거나 의장이 국가의 안전보장을 위하여 필요하다고 인정할 때에는 공개하지 아니할 수 있다.

② 공개하지 아니한 회의내용의 공표에 관하여는 법률이 정하는 바에 의한다.

제51조 국회에 제출된 법률안 기타의 의안은 회기 중에 의결되지 못한 이유로 폐기되지 아니한다. 다만, 국회의원의 임기가 만료된 때에는 그러하지 아니하다.

제52조 국회의원과 정부는 법률안을 제출할 수 있다.

제53조 ① 국회에서 의결된 법률안은 정부에 이송되어 15일 이내에 대통령이 공포한다.

② 법률안에 이의가 있을 때에는 대통령은 제1항의 기간내에 이의서를 붙여 국회로 환부하고, 그 재의를 요구할 수 있다. 국회의 폐회 중에도 또한 같다.

③ 대통령은 법률안의 일부에 대하여 또는 법률안을 수정하여 재의를 요구할 수 없다.

④ 재의의 요구가 있을 때에는 국회는 재의에 붙이고, 재적의원 과반수의 출석과 출석의원 3분의 2 이상의 찬성으로 전과 같은 의결을 하면 그 법률안은 법률로서 확정된다.

⑤ 대통령이 제1항의 기간 내에 공포나 재의의 요구를 하지 아니한 때에도 그 법률안은 법률로서 확정된다.

⑥ 대통령은 제4항과 제5항의 규정에 의하여 확정된 법률을 지체없이 공포하여야 한다. 제5항에 의하여 법률이 확정된 후 또는 제4항에 의한 확정법률이 정부에 이송된 후 5일 이내에 대통령이 공포하지 아니할 때에는 국회의장이 이를 공포한다.

⑦ 법률은 특별한 규정이 없는 한 공포한 날로부터 20일을 경과함으로써 효력을 발생한다.

제54조 ① 국회는 국가의 예산안을 심의·확정한다.

② 정부는 회계연도마다 예산안을 편성하여 회계연도 개시 90일 전까지 국회에 제출하고, 국회는 회계연도 개시 30일 전까지 이를 의결하여야 한다.

③ 새로운 회계연도가 개시될 때까지 예산안이 의결되지 못한 때에는 정부는 국회에서 예산안이 의결될 때까지 다음의 목적을 위한 경비는 전년도 예산에 준하여 집행할 수 있다.

- 1. 헌법이나 법률에 의하여 설치된 기관 또는 시설의 유지·운영
- 2. 법률상 지출의무의 이행
- 3. 이미 예산으로 승인된 사업의 계속

제55조 ① 한 회계연도를 넘어 계속하여 지출할 필요가 있을 때에는 정부는 연한을 정하여 계속비로서 국회의 의결을 얻어야 한다.

② 예비비는 총액으로 국회의 의결을 얻어야 한다. 예비비의 지출은 차기 국회의 승인을 얻어야 한다.

제56조 정부는 예산에 변경을 가할 필요가 있을 때에는 추가경정예산안을 편성하여 국회에 제출할 수 있다.

제57조 국회는 정부의 동의 없이 정부가 제출한 지출예산 각항의 금액을 증가하거나 새 비목을 설치할 수 없다.

제58조 국채를 모집하거나 예산 외에 국가의 부담이 될 계약을 체결하려 할 때에는 정부는 미리 국회의 의결을 얻어야 한다.

제59조 조세의 종목과 세율은 법률로 정한다.

제60조 ① 국회는 상호원조 또는 안전보장에 관한 조약, 중요한 국제조직에 관한 조약, 우호통상항해조약, 주권의 제약에 관한 조약, 강화조약, 국가나 국민에게 중대한 재정적 부담을 지우는 조약 또는 입법사항에 관한 조약의 체결·비준에 대한 동의권을 가진다.

② 국회는 선전포고, 국군의 외국에의 파견 또는 외국군대의 대한민국 영

역 안에서의 주류에 대한 동의권을 가진다.

제61조 ① 국회는 국정을 감사하거나 특정한 국정사안에 대하여 조사할 수 있으며, 이에 필요한 서류의 제출 또는 증인의 출석과 증언이나 의견의 진술을 요구할 수 있다.

② 국정감사 및 조사에 관한 절차 기타 필요한 사항은 법률로 정한다.

제62조 ① 국무총리·국무위원 또는 정부위원은 국회나 그 위원회에 출석하여 국정처리상황을 보고하거나 의견을 진술하고 질문에 응답할 수 있다.

② 국회나 그 위원회의 요구가 있을 때에는 국무총리·국무위원 또는 정부위원은 출석·답변하여야 하며, 국무총리 또는 국무위원이 출석요구를 받은 때에는 국무위원 또는 정부위원으로 하여금 출석·답변하게 할 수 있다.

제63조 ① 국회는 국무총리 또는 국무위원의 해임을 대통령에게 건의할 수 있다.

② 제1항의 해임건의는 국회재적의원 3분의 1 이상의 발의에 의하여 국회재적의원 과반수의 찬성이 있어야 한다.

제64조 ① 국회는 법률에 저촉되지 아니하는 범위 안에서 의사와 내부규율에 관한 규칙을 제정할 수 있다.

② 국회는 의원의 자격을 심사하며, 의원을 징계할 수 있다.

③ 의원을 제명하려면 국회재적의원 3분의 2 이상의 찬성이 있어야 한다.

④ 제2항과 제3항의 처분에 대하여는 법원에 제소할 수 없다.

제65조 ① 대통령·국무총리·국무위원·행정각부의 장·헌법재판소 재판관·법관·중앙선거관리위원회 위원·감사원장·감사위원 기타 법률이 정한 공무원이 그 직무집행에 있어서 헌법이나 법률을 위배한 때에는 국회는 탄핵의 소추를 의결할 수 있다.

② 제1항의 탄핵소추는 국회재적의원 3분의 1 이상의 발의가 있어야 하며, 그 의결은 국회재적의원 과반수의 찬성이 있어야 한다. 다만, 대통령에

대한 탄핵소추는 국회재적의원 과반수의 발의와 국회재적의원 3분의 2 이상의 찬성이 있어야 한다.

③ 탄핵소추의 의결을 받은 자는 탄핵심판이 있을 때까지 그 권한행사가 정지된다.

④ 탄핵결정은 공직으로부터 파면함에 그친다. 그러나, 이에 의하여 민사상이나 형사상의 책임이 면제되지는 아니한다.

제4장 정부

[제1절 대통령]

제66조 ① 대통령은 국가의 원수이며, 외국에 대하여 국가를 대표한다.

② 대통령은 국가의 독립·영토의 보전·국가의 계속성과 헌법을 수호할 책무를 진다.

③ 대통령은 조국의 평화적 통일을 위한 성실한 의무를 진다.

④ 행정권은 대통령을 수반으로 하는 정부에 속한다.

제67조 ① 대통령은 국민의 보통·평등·직접·비밀선거에 의하여 선출한다.

② 제1항의 선거에 있어서 최고득표자가 2인 이상인 때에는 국회의 재적의원 과반수가 출석한 공개회의에서 다수표를 얻은 자를 당선자로 한다.

③ 대통령후보자가 1인일 때에는 그 득표수가 선거권자 총수의 3분의 1 이상이 아니면 대통령으로 당선될 수 없다.

④ 대통령으로 선거될 수 있는 자는 국회의원의 피선거권이 있고 선거일 현재 40세에 달하여야 한다.

⑤ 대통령의 선거에 관한 사항은 법률로 정한다.

제68조 ① 대통령의 임기가 만료되는 때에는 임기만료 70일 내지 40일 전에 후임자를 선거한다.

② 대통령이 궐위된 때 또는 대통령 당선자가 사망하거나 판결 기타의 사

유로 그 자격을 상실한 때에는 60일 이내에 후임자를 선거한다.

제69조 대통령은 취임에 즈음하여 다음의 선서를 한다.

"나는 헌법을 준수하고 국가를 보위하며 조국의 평화적 통일과 국민의 자유와 복리의 증진 및 민족문화의 창달에 노력하여 대통령으로서의 직책을 성실히 수행할 것을 국민 앞에 엄숙히 선서합니다."

제70조 대통령의 임기는 5년으로 하며, 중임할 수 없다.

제71조 대통령이 궐위되거나 사고로 인하여 직무를 수행할 수 없을 때에는 국무총리, 법률이 정한 국무위원의 순서로 그 권한을 대행한다.

제72조 대통령은 필요하다고 인정할 때에는 외교·국방·통일 기타 국가안위에 관한 중요정책을 국민투표에 붙일 수 있다.

제73조 대통령은 조약을 체결·비준하고, 외교사절을 신임·접수 또는 파견하며, 선전포고와 강화를 한다.

제74조 ① 대통령은 헌법과 법률이 정하는 바에 의하여 국군을 통수한다.

② 국군의 조직과 편성은 법률로 정한다.

제75조 대통령은 법률에서 구체적으로 범위를 정하여 위임받은 사항과 법률을 집행하기 위하여 필요한 사항에 관하여 대통령령을 발할 수 있다.

제76조 ① 대통령은 내우·외환·천재·지변 또는 중대한 재정·경제상의 위기에 있어서 국가의 안전보장 또는 공공의 안녕질서를 유지하기 위하여 긴급한 조치가 필요하고 국회의 집회를 기다릴 여유가 없을 때에 한하여 최소한으로 필요한 재정·경제상의 처분을 하거나 이에 관하여 법률의 효력을 가지는 명령을 발할 수 있다.

② 대통령은 국가의 안위에 관계되는 중대한 교전상태에 있어서 국가를 보위하기 위하여 긴급한 조치가 필요하고 국회의 집회가 불가능한 때에 한하여 법률의 효력을 가지는 명령을 발할 수 있다.

③ 대통령은 제1항과 제2항의 처분 또는 명령을 한 때에는 지체없이 국회

에 보고하여 그 승인을 얻어야 한다.

④ 제3항의 승인을 얻지 못한 때에는 그 처분 또는 명령은 그때부터 효력을 상실한다. 이 경우 그 명령에 의하여 개정 또는 폐지되었던 법률은 그 명령이 승인을 얻지 못한 때부터 당연히 효력을 회복한다.

⑤ 대통령은 제3항과 제4항의 사유를 지체없이 공포하여야 한다.

제77조 ① 대통령은 전시·사변 또는 이에 준하는 국가비상사태에 있어서 병력으로써 군사상의 필요에 응하거나 공공의 안녕질서를 유지할 필요가 있을 때에는 법률이 정하는 바에 의하여 계엄을 선포할 수 있다.

② 계엄은 비상계엄과 경비계엄으로 한다.

③ 비상계엄이 선포된 때에는 법률이 정하는 바에 의하여 영장제도, 언론·출판·집회·결사의 자유, 정부나 법원의 권한에 관하여 특별한 조치를 할 수 있다.

④ 계엄을 선포한 때에는 대통령은 지체없이 국회에 통고하여야 한다.

⑤ 국회가 재적의원 과반수의 찬성으로 계엄의 해제를 요구한 때에는 대통령은 이를 해제하여야 한다.

제78조 대통령은 헌법과 법률이 정하는 바에 의하여 공무원을 임면한다.

제79조 ① 대통령은 법률이 정하는 바에 의하여 사면·감형 또는 복권을 명할 수 있다.

② 일반사면을 명하려면 국회의 동의를 얻어야 한다.

③ 사면·감형 및 복권에 관한 사항은 법률로 정한다.

제80조 대통령은 법률이 정하는 바에 의하여 훈장 기타의 영전을 수여한다.

제81조 대통령은 국회에 출석하여 발언하거나 서한으로 의견을 표시할 수 있다.

제82조 대통령의 국법상 행위는 문서로써 하며, 이 문서에는 국무총리와 관계 국무위원이 부서한다. 군사에 관한 것도 또한 같다.

제83조 대통령은 국무총리·국무위원·행정각부의 장 기타 법률이 정하는 공사의

직을 겸할 수 없다.

제84조 대통령은 내란 또는 외환의 죄를 범한 경우를 제외하고는 재직 중 형사상
의 소추를 받지 아니한다.

제85조 전직대통령의 신분과 예우에 관하여는 법률로 정한다.

[제2절 행정부]
| 제1관 국무총리와 국무위원 |

제86조 ① 국무총리는 국회의 동의를 얻어 대통령이 임명한다.

② 국무총리는 대통령을 보좌하며, 행정에 관하여 대통령의 명을 받아 행
정각부를 통할한다.

③ 군인은 현역을 면한 후가 아니면 국무총리로 임명될 수 없다.

제87조 ① 국무위원은 국무총리의 제청으로 대통령이 임명한다.

② 국무위원은 국정에 관하여 대통령을 보좌하며, 국무회의의 구성원으
로서 국정을 심의한다.

③ 국무총리는 국무위원의 해임을 대통령에게 건의할 수 있다.

④ 군인은 현역을 면한 후가 아니면 국무위원으로 임명될 수 없다.

| 제2관 국무회의 |

제88조 ① 국무회의는 정부의 권한에 속하는 중요한 정책을 심의한다.

② 국무회의는 대통령·국무총리와 15인 이상 30인 이하의 국무위원으로
구성한다.

③ 대통령은 국무회의의 의장이 되고, 국무총리는 부의장이 된다.

제89조 다음 사항은 국무회의의 심의를 거쳐야 한다.

1. 국정의 기본계획과 정부의 일반정책

2. 선전·강화 기타 중요한 대외정책

3. 헌법개정안·국민투표안·조약안·법률안 및 대통령령안

4. 예산안·결산·국유재산처분의 기본계획·국가의 부담이 될 계약 기타
   재정에 관한 중요사항

5. 대통령의 긴급명령·긴급재정경제처분 및 명령 또는 계엄과 그 해제

6. 군사에 관한 중요사항

7. 국회의 임시회 집회의 요구

8. 영전수여

9. 사면·감형과 복권

10. 행정각부간의 권한의 획정

11. 정부 안의 권한의 위임 또는 배정에 관한 기본계획

12. 국정처리상황의 평가·분석

13. 행정각부의 중요한 정책의 수립과 조정

14. 정당해산의 제소

15. 정부에 제출 또는 회부된 정부의 정책에 관계되는 청원의 심사

16. 검찰총장·합동참모의장·각군참모총장·국립대학교총장·대사 기타
    법률이 정한 공무원과 국영기업체관리자의 임명

17. 기타 대통령·국무총리 또는 국무위원이 제출한 사항

제90조 ① 국정의 중요한 사항에 관한 대통령의 자문에 응하기 위하여 국가원로
로 구성되는 국가원로자문회의를 둘 수 있다.

② 국가원로자문회의의 의장은 직전대통령이 된다. 다만, 직전대통령이
없을 때에는 대통령이 지명한다.

③ 국가원로자문회의의 조직·직무범위 기타 필요한 사항은 법률로 정한다.

제91조 ① 국가안전보장에 관련되는 대외정책·군사정책과 국내정책의 수립에
관하여 국무회의의 심의에 앞서 대통령의 자문에 응하기 위하여 국가
안전보장회의를 둔다.

② 국가안전보장회의는 대통령이 주재한다.

③ 국가안전보장회의의 조직·직무범위 기타 필요한 사항은 법률로 정한다.

제92조 ① 평화통일정책의 수립에 관한 대통령의 자문에 응하기 위하여 민주평화통일자문회의를 둘 수 있다.

② 민주평화통일자문회의의 조직·직무범위 기타 필요한 사항은 법률로 정한다.

제93조 ① 국민경제의 발전을 위한 중요정책의 수립에 관하여 대통령의 자문에 응하기 위하여 국민경제자문회의를 둘 수 있다.

② 국민경제자문회의의 조직·직무범위 기타 필요한 사항은 법률로 정한다.

| 제3관 행정각부 |

제94조 행정각부의 장은 국무위원 중에서 국무총리의 제청으로 대통령이 임명한다.

제95조 국무총리 또는 행정각부의 장은 소관사무에 관하여 법률이나 대통령령의 위임 또는 직권으로 총리령 또는 부령을 발할 수 있다.

제96조 행정각부의 설치·조직과 직무범위는 법률로 정한다.

| 제4관 감사원 |

제97조 국가의 세입·세출의 결산, 국가 및 법률이 정한 단체의 회계검사와 행정기관 및 공무원의 직무에 관한 감찰을 하기 위하여 대통령 소속하에 감사원을 둔다.

제98조 ① 감사원은 원장을 포함한 5인 이상 11인 이하의 감사위원으로 구성한다.

② 원장은 국회의 동의를 얻어 대통령이 임명하고, 그 임기는 4년으로 하며, 1차에 한하여 중임할 수 있다.

③ 감사위원은 원장의 제청으로 대통령이 임명하고, 그 임기는 4년으로 하며, 1차에 한하여 중임할 수 있다.

제99조 감사원은 세입·세출의 결산을 매년 검사하여 대통령과 차년도국회에 그 결과를 보고하여야 한다.

제100조 감사원의 조직·직무범위·감사위원의 자격·감사대상공무원의 범위 기타 필요한 사항은 법률로 정한다.

제5장 법원

제101조 ① 사법권은 법관으로 구성된 법원에 속한다.

② 법원은 최고법원인 대법원과 각급법원으로 조직된다.

③ 법관의 자격은 법률로 정한다.

제102조 ① 대법원에 부를 둘 수 있다.

② 대법원에 대법관을 둔다. 다만, 법률이 정하는 바에 의하여 대법관이 아닌 법관을 둘 수 있다.

③ 대법원과 각급법원의 조직은 법률로 정한다.

제103조 법관은 헌법과 법률에 의하여 그 양심에 따라 독립하여 심판한다.

제104조 ① 대법원장은 국회의 동의를 얻어 대통령이 임명한다.

② 대법관은 대법원장의 제청으로 국회의 동의를 얻어 대통령이 임명한다.

③ 대법원장과 대법관이 아닌 법관은 대법관회의의 동의를 얻어 대법원장이 임명한다.

제105조 ① 대법원장의 임기는 6년으로 하며, 중임할 수 없다.

② 대법관의 임기는 6년으로 하며, 법률이 정하는 바에 의하여 연임할 수 있다.

③ 대법원장과 대법관이 아닌 법관의 임기는 10년으로 하며, 법률이 정하는 바에 의하여 연임할 수 있다.

④ 법관의 정년은 법률로 정한다.

제106조 ① 법관은 탄핵 또는 금고 이상의 형의 선고에 의하지 아니하고는 파면

되지 아니하며, 징계처분에 의하지 아니하고는 정직·감봉 기타 불리한 처분을 받지 아니한다.

② 법관이 중대한 심신상의 장해로 직무를 수행할 수 없을 때에는 법률이 정하는 바에 의하여 퇴직하게 할 수 있다.

제107조　① 법률이 헌법에 위반되는 여부가 재판의 전제가 된 경우에는 법원은 헌법재판소에 제청하여 그 심판에 의하여 재판한다.

② 명령·규칙 또는 처분이 헌법이나 법률에 위반되는 여부가 재판의 전제가 된 경우에는 대법원은 이를 최종적으로 심사할 권한을 가진다.

③ 재판의 전심절차로서 행정심판을 할 수 있다. 행정심판의 절차는 법률로 정하되, 사법절차가 준용되어야 한다.

제108조　대법원은 법률에 저촉되지 아니하는 범위 안에서 소송에 관한 절차, 법원의 내부규율과 사무처리에 관한 규칙을 제정할 수 있다.

제109조　재판의 심리와 판결은 공개한다. 다만, 심리는 국가의 안전보장 또는 안녕질서를 방해하거나 선량한 풍속을 해할 염려가 있을 때에는 법원의 결정으로 공개하지 아니할 수 있다.

제110조　① 군사재판을 관할하기 위하여 특별법원으로서 군사법원을 둘 수 있다.

② 군사법원의 상고심은 대법원에서 관할한다.

③ 군사법원의 조직·권한 및 재판관의 자격은 법률로 정한다.

④ 비상계엄하의 군사재판은 군인·군무원의 범죄나 군사에 관한 간첩죄의 경우와 초병·초소·유독음식물공급·포로에 관한 죄 중 법률이 정한 경우에 한하여 단심으로 할 수 있다. 다만, 사형을 선고한 경우에는 그러하지 아니하다.

제6장 헌법재판소

제111조　① 헌법재판소는 다음 사항을 관장한다.

1. 법원의 제청에 의한 법률의 위헌여부 심판

2. 탄핵의 심판

3. 정당의 해산 심판

4. 국가기관 상호간, 국가기관과 지방자치단체간 및 지방자치단체 상호
   간의 권한쟁의에 관한 심판

5. 법률이 정하는 헌법소원에 관한 심판

② 헌법재판소는 법관의 자격을 가진 9인의 재판관으로 구성하며, 재판
   관은 대통령이 임명한다.

③ 제2항의 재판관중 3인은 국회에서 선출하는 자를, 3인은 대법원장이
   지명하는 자를 임명한다.

④ 헌법재판소의 장은 국회의 동의를 얻어 재판관 중에서 대통령이 임
   명한다.

제112조 ① 헌법재판소 재판관의 임기는 6년으로 하며, 법률이 정하는 바에 의
        하여 연임할 수 있다.

② 헌법재판소 재판관은 정당에 가입하거나 정치에 관여할 수 없다.

③ 헌법재판소 재판관은 탄핵 또는 금고 이상의 형의 선고에 의하지 아
   니하고는 파면되지 아니한다.

제113조 ① 헌법재판소에서 법률의 위헌결정, 탄핵의 결정, 정당해산의 결정 또
        는 헌법소원에 관한 인용결정을 할 때에는 재판관 6인 이상의 찬성
        이 있어야 한다.

② 헌법재판소는 법률에 저촉되지 아니하는 범위 안에서 심판에 관한
   절차, 내부규율과 사무처리에 관한 규칙을 제정할 수 있다.

③ 헌법재판소의 조직과 운영 기타 필요한 사항은 법률로 정한다.

제7장 선거관리

제114조 ① 선거와 국민투표의 공정한 관리 및 정당에 관한 사무를 처리하기 위하여 선거관리위원회를 둔다.

② 중앙선거관리위원회는 대통령이 임명하는 3인, 국회에서 선출하는 3인과 대법원장이 지명하는 3인의 위원으로 구성한다. 위원장은 위원 중에서 호선한다.

③ 위원의 임기는 6년으로 한다.

④ 위원은 정당에 가입하거나 정치에 관여할 수 없다.

⑤ 위원은 탄핵 또는 금고 이상의 형의 선고에 의하지 아니하고는 파면되지 아니한다.

⑥ 중앙선거관리위원회는 법령의 범위 안에서 선거관리·국민투표관리 또는 정당사무에 관한 규칙을 제정할 수 있으며, 법률에 저촉되지 아니하는 범위 안에서 내부규율에 관한 규칙을 제정할 수 있다.

⑦ 각급 선거관리위원회의 조직·직무범위 기타 필요한 사항은 법률로 정한다.

제115조 ① 각급 선거관리위원회는 선거인명부의 작성 등 선거사무와 국민투표사무에 관하여 관계 행정기관에 필요한 지시를 할 수 있다.

② 제1항의 지시를 받은 당해 행정기관은 이에 응하여야 한다.

제116조 ① 선거운동은 각급 선거관리위원회의 관리하에 법률이 정하는 범위 안에서 하되, 균등한 기회가 보장되어야 한다.

② 선거에 관한 경비는 법률이 정하는 경우를 제외하고는 정당 또는 후보자에게 부담시킬 수 없다.

제8장 지방자치

제117조 ① 지방자치단체는 주민의 복리에 관한 사무를 처리하고 재산을 관리하

며, 법령의 범위 안에서 자치에 관한 규정을 제정할 수 있다.

② 지방자치단체의 종류는 법률로 정한다.

제118조 ① 지방자치단체에 의회를 둔다.

② 지방의회의 조직·권한·의원선거와 지방자치단체의 장의 선임방법 기타 지방자치단체의 조직과 운영에 관한 사항은 법률로 정한다.

제9장 경제

제119조 ① 대한민국의 경제질서는 개인과 기업의 경제상의 자유와 창의를 존중함을 기본으로 한다.

② 국가는 균형있는 국민경제의 성장 및 안정과 적정한 소득의 분배를 유지하고, 시장의 지배와 경제력의 남용을 방지하며, 경제주체간의 조화를 통한 경제의 민주화를 위하여 경제에 관한 규제와 조정을 할 수 있다.

제120조 ① 광물 기타 중요한 지하자원·수산자원·수력과 경제상 이용할 수 있는 자연력은 법률이 정하는 바에 의하여 일정한 기간 그 채취·개발 또는 이용을 특허할 수 있다.

② 국토와 자원은 국가의 보호를 받으며, 국가는 그 균형있는 개발과 이용을 위하여 필요한 계획을 수립한다.

제121조 ① 국가는 농지에 관하여 경자유전의 원칙이 달성될 수 있도록 노력하여야 하며, 농지의 소작제도는 금지된다.

② 농업생산성의 제고와 농지의 합리적인 이용을 위하거나 불가피한 사정으로 발생하는 농지의 임대차와 위탁경영은 법률이 정하는 바에 의하여 인정된다.

제122조 국가는 국민 모두의 생산 및 생활의 기반이 되는 국토의 효율적이고 균형있는 이용·개발과 보전을 위하여 법률이 정하는 바에 의하여 그에 관

한 필요한 제한과 의무를 과할 수 있다.

제123조 ① 국가는 농업 및 어업을 보호·육성하기 위하여 농·어촌종합개발과
그 지원등 필요한 계획을 수립·시행하여야 한다.

② 국가는 지역간의 균형있는 발전을 위하여 지역경제를 육성할 의무
를 진다.

③ 국가는 중소기업을 보호·육성하여야 한다.

④ 국가는 농수산물의 수급균형과 유통구조의 개선에 노력하여 가격안
정을 도모함으로써 농·어민의 이익을 보호한다.

⑤ 국가는 농·어민과 중소기업의 자조조직을 육성하여야 하며, 그 자율
적 활동과 발전을 보장한다.

제124조 국가는 건전한 소비행위를 계도하고 생산품의 품질향상을 촉구하기 위
한 소비자보호운동을 법률이 정하는 바에 의하여 보장한다.

제125조 국가는 대외무역을 육성하며, 이를 규제·조정할 수 있다.

제126조 국방상 또는 국민경제상 긴절한 필요로 인하여 법률이 정하는 경우를
제외하고는, 사영기업을 국유 또는 공유로 이전하거나 그 경영을 통제
또는 관리할 수 없다.

제127조 ① 국가는 과학기술의 혁신과 정보 및 인력의 개발을 통하여 국민경제
의 발전에 노력하여야 한다.

② 국가는 국가표준제도를 확립한다.

③ 대통령은 제1항의 목적을 달성하기 위하여 필요한 자문기구를 둘 수
있다.

제10장 헌법개정

제128조 ① 헌법개정은 국회재적의원 과반수 또는 대통령의 발의로 제안된다.

② 대통령의 임기연장 또는 중임변경을 위한 헌법개정은 그 헌법개정

제안 당시의 대통령에 대하여는 효력이 없다.

제129조 제안된 헌법개정안은 대통령이 20일 이상의 기간 이를 공고하여야 한다.

제130조 ① 국회는 헌법개정안이 공고된 날로부터 60일 이내에 의결하여야 하며, 국회의 의결은 재적의원 3분의 2 이상의 찬성을 얻어야 한다.

② 헌법개정안은 국회가 의결한 후 30일 이내에 국민투표에 붙여 국회의원선거권자 과반수의 투표와 투표자 과반수의 찬성을 얻어야 한다.

③ 헌법개정안이 제2항의 찬성을 얻은 때에는 헌법개정은 확정되며, 대통령은 즉시 이를 공포하여야 한다.

부칙 <제10호, 1987. 10. 29.>

제1조 이 헌법은 1988년 2월 25일부터 시행한다. 다만, 이 헌법을 시행하기 위하여 필요한 법률의 제정·개정과 이 헌법에 의한 대통령 및 국회의원의 선거 기타 이 헌법시행에 관한 준비는 이 헌법시행 전에 할 수 있다.

제2조 ① 이 헌법에 의한 최초의 대통령선거는 이 헌법시행일 40일 전까지 실시한다.

② 이 헌법에 의한 최초의 대통령의 임기는 이 헌법시행일로부터 개시한다.

제3조 ① 이 헌법에 의한 최초의 국회의원선거는 이 헌법공포일로부터 6월 이내에 실시하며, 이 헌법에 의하여 선출된 최초의 국회의원의 임기는 국회의원선거후 이 헌법에 의한 국회의 최초의 집회일로부터 개시한다.

② 이 헌법공포 당시의 국회의원의 임기는 제1항에 의한 국회의 최초의 집회일 전일까지로 한다.

제4조 ① 이 헌법시행 당시의 공무원과 정부가 임명한 기업체의 임원은 이 헌법에 의하여 임명된 것으로 본다. 다만, 이 헌법에 의하여 선임방법이나 임명권자가 변경된 공무원과 대법원장 및 감사원장은 이 헌법에 의하여 후임자가 선임될 때까지 그 직무를 행하며, 이 경우 전임자인 공무

원의 임기는 후임자가 선임되는 전일까지로 한다.

② 이 헌법시행 당시의 대법원장과 대법원판사가 아닌 법관은 제1항 단서의 규정에 불구하고 이 헌법에 의하여 임명된 것으로 본다.

③ 이 헌법 중 공무원의 임기 또는 중임제한에 관한 규정은 이 헌법에 의하여 그 공무원이 최초로 선출 또는 임명된 때로부터 적용한다.

제5조 이 헌법시행 당시의 법령과 조약은 이 헌법에 위배되지 아니하는 한 그 효력을 지속한다.

제6조 이 헌법시행 당시에 이 헌법에 의하여 새로 설치될 기관의 권한에 속하는 직무를 행하고 있는 기관은 이 헌법에 의하여 새로운 기관이 설치될 때까지 존속하며 그 직무를 행한다.